JN024351

印度カリー子の
スパイスカレー教室

印度カリー子

はじめに

　私は19歳の時にスパイスとカレーに出会ってすぐにその世界に魅了され、日々勉強、研究する生活を続けて5年目に入りました。

　カレーは植物の種子や根、樹皮などからなるスパイスを3〜10種類以上、ごく少量ずつ合わせて作る絶妙な料理です。スパイスと素材の組み合わせ、スパイスの調合、スパイスの香りの立て方によってカレーは成り立ち、そのレシピは「無限」にあります。

　私はこれまで、スパイスカレー初心者の方に向けて、家で手軽にできる作り方を数多く紹介してきました。この本では、そこから一歩進んで、もっといろいろな味を楽しみたい、もっとスパイスを使いたい、極めたいという方に向けて、より本格的なカレーのレシピを紹介しています。どれも私が本当にいとしいと思ったカレーです。この1冊で北インド、南インド、スリランカの本場のカレーが楽しめるようになっています。

　この本で鍵となるのは、スパイスの香りを最大限に引き出す「油で熱する」「粉末にする」「つぶす」「煮る」の4つのテクニックです。レシピの調理工程を写真で追っていねいに説明しているので、初心者の方でも失敗せずに作ることができます。使うスパイスの数を少しずつ増やしてステップアップし、香りのグラデーションをぜひ味わっていただければと思います。

　作っている途中で、「本当に味を再現できているの?」「何が正解なの?」と思うこともあるかもしれません。私のレシピが新しい味と香りの道標になってほしいと思いますが、完全に再現してほしい気持ちはありません。いちばん大切にしてほしいことは、作った本人が「おいしい」と感じるかどうか。無限の組み合わせの可能性の中にあなたが「おいしい」と感じるレシピがあったら、こんなに嬉しいことはありません。

　今日も皆さんのご自宅で素敵なカレーが生まれることを祈っています。

印度カリー子

本書で紹介している料理で3タイプの盛り合わせプレートが作れます

🇮🇳 北インド風プレート

North Indian style plate

1 バターチキンカレー (p.20)
2 サグマトン (p.36)
3 プロウンマカニ (p.62)
4 カチュンバル (p.88)
5 タンドリーチキン (p.80)
6 チャパティ (p.78)
7 ジーラライス (p.70)

北インドではプレート料理のことをターリーと言います。北インドのノンベジの地域のカレーは羊や鶏肉などの肉がメインで、牛乳や生クリームなどの乳製品やナッツ、ギーなどを使って濃厚に仕上げるのが特徴。日本でおなじみのタンドリーチキンも北インド料理。カレーには主食のナンやチャパティなどのブレッドが添えられます。

南インド風プレート

**South indian
style
plate**

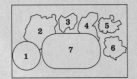

南インドのプレート料理はミールスと呼ばれる定食スタイルで、バナナの葉に盛り合わせるのが特徴。豆や野菜を主体にしたスープ状カレーのサンバル、ラッサムがおなじみで、ご飯に合うカレーが多いです。海に近い地域では、魚介類もよく使われます。ココナッツミルクや酸味のあるタマリンドが味つけのポイント。主食は米です。

🇱🇰 スリランカ風プレート

Sri Lankan style plate

スリランカは海産物が豊富な南の島。スリランカンカレーに欠かせないのが、ココナッツミルクにランペやカレーリーフ。また、日本のかつお節に似た「モルディブフィッシュ」という食材でうまみを出すのが特徴的です。主食の米に、肉、魚介のメインカレー、豆カレーのパリップ、ココナッツ風味のサラダや漬物などの副菜が添えられます。

CONTENTS

カレー作りの前に、この本の使い方

・本書のカレーはすべて直径24cmの深めのフッ素樹脂加工のフライパンを使用しています。

・1カップは200ml、大さじ1は15ml、小さじ1は5mlです。

・カレーのベースの玉ねぎ1個、トマト1個は200gが基準です。

・オーブンは設定温度に予熱しておきます。焼き時間はメーカーや機種などによって多少差がありますので、レシピの時間を目安に様子を見ながら加減してください。

印度カリー子流　スパイスカレーの作り方

基本の作り方

スパイスカレーは次の５つのステップで作ることができます。
肉や野菜や魚介と具材は変わっても、この作り方は同じ。
本書のレシピも、基本はこの手順に沿って作っています。

Step.1	Step.2	Step.3

にんにく、しょうが、玉ねぎを炒める

じっくり炒めて玉ねぎのうまみやとろみを引き出すこと。

🔥🔥🔥 強火　🕐 **10** min

玉ねぎが色づき始めたら鍋の底をこするようにして炒めること。濃いカレールウのようなこげ茶色になり、水気がなくなるまで 10 分ほど炒める。

[玉ねぎの切り方]
玉ねぎは1個200gが目安。切り方は、みじん切りか薄切りが基本。均一な香りのカレーが好みならみじん切り、玉ねぎのとろける食感が好きなら薄切りで。

トマトを加えて炒める

🔥🔥 中火　🕐 **2** min

トマトがやわらかくなってきたら、へらでつぶしながら全体がペースト状になるまで、2〜3分炒める。

[トマト]
トマトは1個200gが目安。生トマトはすっきりした味に、トマト缶を使うと自然な甘みが出る。

塩、パウダースパイスを加えて炒める

基本のパウダースパイスはターメリック、クミン、コリアンダーの3つ。

🔥 弱火　🕐 **1** min

パウダースパイスと塩を加え、なじませるように１分ほど炒め合わせる。

スターターとテンパリング

基本の作り方に、「スターター」と「テンパリング」という
ホールスパイスの香りを引き出すテクニックを加えることで、
カレーがより香り豊かに、より本格的な味に仕上がります。

Step.0	Step.1	Step.2	Step.3

はじめのスパイス（スターター）を油で熱する

スパイスを油の中に入れて、香りを移す。

カルダモンがふくらんだら、次のステップ１の工程へ。

🔥🔥🔥 強火

フライパンにサラダ油とホールスパイスを入れたら、強火にかける。スパイスが油にひたっているようにフライパンを傾けて火を通す。スパイスは取り出さず、最後まで煮込んで、ゆっくりと香りを抽出する。

Step.4

具材を加えて、ふたをして弱火で煮込む

🔥 弱火

具材（肉や魚、野菜など）を加えて軽く炒め、水を加えて煮立たせる。ふたをして弱火で各レシピの表示時間煮る。

Step.5

ベースを加えて
塩で味をととのえる

味をみて物足りないときは、塩を加えて味の調整を。スパイスを足しても味は変わらない。

🔥🔥 中火

ベース（ココナッツミルク、ヨーグルト、牛乳など）を加えて一煮立ちさせ、塩（分量外）で味をととのえる。

［塩］
精製塩ではなく、旨みとまろやかさがある海水塩がおすすめ。

仕上げのスパイスを油で熱する（テンパリング）

🔥🔥🔥 強火 → 🔥 ごく弱火

スパイスを冷たい油の中に入れてから火をつける。

スパイスは油からはねやすいので、火傷に注意。

小さなフライパンにサラダ油とホールスパイスを入れたら強火にかけて、油を熱する。その後ごく弱火にかえ、レシピどおりの順番にスパイスを加えて油に香りを移す。油ごとステップ5のカレーに回しかける。

スパイスの香りを引き出す **4つのテクニック**

1 スパイスを油で熱する

はじめのスパイス（スターター） S

フライパンに油とはじめのスパイスを入れたら火をつけ、強火で熱する。

スパイスの香りが立ち、カルダモンがプクッと一回り大きくふくらみ、緑色が薄くなったら次の工程に。

フライパンに油とクミンシードを入れたら火をつけ、強火で熱する。クミンシードが泡立って浮きはじめたら、ベイリーフを加えて10秒ほど加熱し、次の工程に。カルダモンなど複数のスパイスと一緒に加えるときは、少し後のタイミングで加えるとよい。

仕上げのスパイス（テンパリング） T

テンパリングとは、熱い油でスパイスの香りを短時間に抽出し、油ごとカレーにかけて香りづけをする方法です。大きな意味ではスターターもテンパリングに含まれますが、一般的には仕上げのスパイスに使う用語です。香りが飛びやすいスパイスが多いので、テンパリングは食べる直前に行います。専用の鍋か、小さなフライパンを傾けて油の中にスパイスが浸るような状態を作ってテンパリングします。

素早いテンポとタイミング、特に油が熱くなってからのテンポが大切です。慣れないうちはスパイスを冷たい油の中に入れてから強火にかけ、その後弱火にかえて加熱していきます。複数のスパイスをテンパリングするときには、右の順番で油に加えましょう。同時に加えると、焦げたり、火が通っていないものが出てくるので注意してください。

[テンパリングの手順]

1

🔥🔥🔥 強火

最初は、マスタードシード。冷たい油の中に入れてから、強火にかける。慣れるまでは弱火ではじめてもOK。油の中にマスタードシードがしっかり浸っていないと、はねて危険。

2

🔥 ごく弱火

マスタードシードが数粒はね始めたらフェヌグリークシードを加える。

調理器具

タルカ
インドのテンパリング専用のお玉のような小鍋。小さなフライパンや卵焼き鍋で代用可。

香り豊かなスパイスカレーを作るには、スパイスの香りを上手に引き出すことがポイントです。
「油で熱する」「粉末にする」「つぶす」「煮る」の4つのスパイステクニックをご紹介します。

具材を炒める前に、油に香りづけするテクニックです。スパイスの香気成分のほとんどは油に溶けやすい脂溶性。この性質を利用して、はじめのスパイス（スターター）を油の中に入れて加熱することで、香りを油に移します。フライパンを傾けてスパイスが常に油に浸っている状態をキープして、右の表の目安になるまで加熱しましょう。焦げにくく、香りが立ちやすいクミンシードはテンパリング向きのスパイスですが、玉ねぎを炒める時間が短いレシピではスターターとして使ってもOKです。

・はじめのスパイスを油で熱するときの目安（単独で使った場合）

 【カルダモン】 粒が黄緑っぽくなり、プクッとふくらんで、一回り大きくなるまで。

 【クローブ】 プクッとふくらんで、一回り大きくなるまで。

 【シナモン】 濃い茶色になるまで。30秒〜1分ほどを目安に。

 【スターアニス】 少し濃いめの茶色に色づくまで。

 【ブラウンカルダモン】 プクッと一回り大きくなるまで。突然の爆発に注意。

 【クミンシード】 シュワシュワと泡立てて浮かんでくるまで。

 【ベイリーフ】 焦げやすいので、次の工程に進む10秒ほど前に加える。複数のスパイスと合わせるときは、少し遅めのタイミングで加える。

3 🔥 ごく弱火

🔥 ごく弱火

マスタードシードが8割がたはねて浮いてきたらフェンネル、チリホール、クミンシードを加える。

4 💧 消火

フェンネルやクミンシードが泡を立てて浮いてきたら、火を止め、ヒングを加える。

5

すぐにカレーリーフを加え、1〜2秒したら、

すぐに油ごと完成したカレーに回しかける。

テンパリングの目安（5まで進んだときの状態）

- マスタードシードはすべてはじけ終えている。
- フェヌグリークシード、チリホールは薄茶色に色づいている。**クミンシード、フェンネル**は少しふくらんで油に浮いている。
- カレーリーフは鮮やかな緑色になる。

2 スパイスを粉末にする

ホールスパイスをミルやミルサーを使って粉末にする。

ホールスパイスをミルなどで粉末にするテクニックです。ホールスパイスをパウダーにした直後のものは、絞りたてのジュースや挽きたてのコーヒーと同様に、非常に香りが立ちます。マサラはヒンディー語で香辛料ミックスを意味し、複数のホールスパイスを合わせて粉末にしたミックススパイスは、マサラになります。

ミックススパイスを作るとき、一部ホールスパイスがあって、ほかはパウダーしかない場合は、ホールスパイスを粉末にしてから、手持ちのパウダースパイスと合わせましょう。その場合は記載されているホールスパイスと同量のパウダースパイスを加えます。またカルダモン、クローブがホールで5粒なら、それぞれパウダー小さじ1/4ほどで、またシナモンが3cmなら、パウダー小さじ1/4ほどで代用することができます。

主なスパイス

- カルダモン
- フェンネル
- チリホール
- シナモン
- クローブ
- クミンシード
- コリアンダーシード
- ブラックペッパー

3 スパイスをつぶす

ホールスパイスをマサラつぶしなどで粗く砕くと、ホールスパイスでもパウダースパイスでもない高貴な香りが出やすくなります。ホールのままだと香りが出るのに時間がかかるスパイスや、煮る時間が短いときに使えるテクニックです。にんにくやしょうがなどでよく使うテクニックですが、左の主なスパイスも粗くつぶすと、パウダーともホールともまた違った香りになるのでおすすめです。マサラつぶしがない場合は、ポリ袋に入れてめん棒でたたいたり、まな板の上にのせて包丁の腹で押しつぶしてもよいでしょう。

パウダースパイスはミルなどで粉末にされるので、その過程でスパイスの細胞壁が壊され、空気に触れます。手で粗くつぶす場合に比べると、空気に触れる回数が格段に増えるので、植物の酵素によって香りの質が変わったり、一部の香りが飛んでしまったりします。同じスパイスでも、粉末の大きさ、粉末にする方法によって違う香りになるのです。

主なスパイス

- クミンシード
- カルダモン
- チリホール
- ランペ
- カレーリーフ
- ブラックペッパーホール

調理器具

マサラつぶし
スパイスをつぶすための小さな鉢。石鉢、乳鉢、すり鉢など手持ちのものでもOK。

スパイスの色が変わるまで、弱火でゆっくりとから炒りする。

【調理器具】

ミル、ミルサー

ミルはコーヒーミルなどでOK。香りがつくので、スパイス専用で用意したい。

ホールスパイスはミルにかける前に、から炒りするとより香ばしい香りになります。フライパンにスパイスを入れ、薄茶色に色づいたり（コリアンダー、クミンシードなど）、鮮やかな緑色が薄緑色になったりするまで（カルダモン、フェンネルなど）、弱火でじっくり炒りましょう。しっかり粗熱を取って余分な水分を飛ばしてからミルにかけるのもポイントです。

から炒りするのはホールスパイスのみで、パウダースパイスは焦げやすく、香りがあっというまに飛んでしまうので、する必要はありません。

4 スパイスを煮る

【主なスパイス】

● ブラウンカルダモン　● シナモン
● ベイリーフ　　　　　● クローブ
● スターアニス

左の主なスパイスは、高温の油で熱しても一度にすべての香りが引き出せるわけではありません。じっくり材料や水と煮ることで、立ってくる深い香りがあります。これらの香りは、はじめのスパイス（スターター）として油で炒めてから、具材といっしょに最後まで煮込みます。骨つき肉や豆のカレー、米料理などの煮るレシピで生かされるテクニックです。

スパイスの香気成分は脂溶性（油に香りが溶けやすい性質）のものが多いですが、一部には水溶性（水に香りが溶けやすい性質）のものもあります。また、スパイスを油で熱すると高温（180℃）になるので、香りが抽出される前に揮発したり、焦げてしまって、香りが出ないこともあります。そこで、スパイスを煮込むことで（100℃以下）、この温度帯で抽出される香りをうまく引き出すことができるのです。煮るレシピによって、油で熱する、粉末にする以外の香りを味わいましょう。

本書で使う スパイス ガイド

パウダースパイス

パウダースパイスは植物の種子や根茎、果実などを乾燥させ、粉末にしたものです。材料に下味をつけたり調理の途中で加えたりします。最初にそろえたいのはターメリック、クミン、コリアンダー。この3つさえあれば、スパイスカレーが作れます。辛みをつけたい場合はチリペッパー、ブラックペッパーを加えます。

スパイスの役割

スパイスには主に次の3つの役割があります。

[香りをつける]

スパイスの作用で最も大切なことは、料理に香りをつけ、味を引き立てることです。スパイスは辛いイメージがありますが、ほとんどのスパイスはそれ自体に辛さはありません。

香りづけの主なスパイス
- カルダモン
- クローブ
- シナモン
- スターアニス
- クミン
- コリアンダー
- カレーリーフ

[色をつける]

スパイスは料理に赤や黄色の色をつける作用があります。

色づけの主なスパイス
- ターメリック
- チリペッパー
- パプリカ

[辛みをつける]

スパイスの中でも辛みをつけるものはごく一部。ブラックペッパーは粉末だと辛く、粗びきだと香りがよく立ちます。

辛みづけの主なスパイス
- チリホール
- チリペッパー
- ブラックペッパー

❶ ターメリック

部 位	根茎
別 名	ウコン、クルクマ
原産地	熱帯アジア

市販のカレー粉の主材料で、パウダー状が一般的。鮮やかな黄色の色素の主成分クルクミンは脂溶性のため、油と合わせるときれいに色づけできる。独特のやや土臭いような香りは、加熱することで弱まる。魚や肉の臭み消しとしても活躍。

❷ クミン

部 位	種子
別 名	馬芹（うまぜり）
原産地	エジプト

日本人になじみのある「カレーらしい香り」の定番スパイス、クミンシードを粉末状にしたもの。パウダーはシードより甘い風味と強い香りが楽しめる。カレー粉やチリパウダーの主要成分のひとつ。カレーに限らず、和食や洋食、デザートのアクセントスパイスとしても。

❸ コリアンダー

部 位	種子
別 名	コエンドロ
原産地	地中海沿岸

香菜の種をパウダー状にしたスパイス。葉とはまったく異なり、甘くさわやかで、ほのかにスパイシーな香りがある。カレー粉の主要スパイスで、料理をまとめる調和のスパイス。食物繊維が豊富で、カレーにとろみをつける役割もある。

❹ チリペッパー

部 位	果実
別 名	レッドペッパー、唐辛子
原産地	熱帯アメリカ

赤く熟した唐辛子を乾燥させてパウダーにしたもの。ホットな辛みを持つスパイスで、世界には色、形、大きさ、辛み、風味などが異なるタイプが約3000品種ある。カレーの辛みづけに使われる。また、うまみも出してくれる。

❺ ブラックペッパー

部 位	果実
別 名	ペッパー、黒こしょう
原産地	インド

熟す前のこしょうの果実を摘みとり、乾燥させて粉末にしたもの。野性的でさわやかな香りと、ピリッとした強い辛みが特徴で、カレーの辛みづけに使われる。カレーに限らず、世界中の料理に幅広く使われているスパイス。

❻ パプリカ

部 位	果実
別 名	ピメント、甘唐辛子
原産地	中南米

辛みがない唐辛子の仲間「パプリカ」を粉末にしたもの。甘い特有の香りを持つ。辛みが苦手な人はチリペッパーのかわりに使うとよい。色素が油に溶けやすいので、料理に赤い彩りを添えてくれる。

＊スパイスは【パウダースパイス】→【ホールスパイス①】→【ホールスパイス②】の順にそろえましょう。各グループの中では買いそろえたい順番に番号がふってあります。

ホールスパイス①

ホールスパイスは、植物の種子や根茎、果実などを乾燥させた、原形の状態のもの。下記のホールスパイスは、香りがゆっくり引き出されるのが特徴です。主に、はじめのスパイス（スターター）として、一部は仕上げのスパイス（テンパリング）にも使われます。まずはカルダモン、クローブ、シナモンを買うのがおすすめ。入手しやすいスターアニスも香りが独特でアロマティックに仕上がるスパイスです。

1 カルダモン

部 位	果実
別 名	しょうずく
原産地	南インド、スリランカ

清涼感のあるさわやかな香りがあり、スパイスの女王と呼ばれる。もみ殻状の薄緑色のさやを乾燥させたホールは、はじめのスパイス（スターター）として不可欠。インドではミルクティーなどのドリンクにも使われる。

2 クローブ

部 位	つぼみ
別 名	丁字（ちょうじ）、丁香
原産地	モルッカ諸島（インドネシア）

独特の香りを持つ木のつぼみを乾燥させた、釘形のホールスパイス。鼻から抜けるツンとした強い香りと刺激的な風味を持つ。肉の臭み消しにも効果的。香りが強いので、使いすぎには注意を。

3 シナモン

部 位	樹皮
別 名	肉桂、桂皮、ニッキ
原産地	南インド、スリランカ

肉桂の樹皮を乾燥させたもので、甘くエキゾチックな香りのスパイス。スティック状のものを折って使うと成分が出やすい。上品で繊細な香りの「セイロンシナモン」と、肉厚で濃厚な香りの「カシア（写真）」がある。カレーには「カシア」がおすすめ。

4 スターアニス

部 位	果実
別 名	八角
原産地	中国

八角の名のとおり、8つの星形の果実を乾燥させた、もっとも東洋的なスパイスのひとつ。独特の強くて甘い香りが特徴。豚の角煮の香りづけなど、中国、台湾料理に欠かせない。長時間加熱しても香りが飛びにくい。

5 インディアンベイリーフ

部 位	葉
別 名	テージパッタ
原産地	インド

インドのシナモンの葉を乾燥させたもの。やわらかく軽い香りの調和の役目のハーブで、香りの強い肉や魚のカレーに合う。日本でベイリーフやローリエとして出回っているものとは別種だが、一般的なローリエで代用可能。

6 ブラウンカルダモン

部 位	果実
別 名	ビッグカルダモン
原産地	南インド、スリランカ

グリーンカルダモンとは別種。少量でスモーキーな深みのある香りを引き出せる個性的なスパイス。肉のカレーと相性がよい。煮込むとよく香りが出るスパイス。

7 ブラックペッパーホール

部 位	果実
別 名	ペッパー、ポワブル
原産地	インド

世界中でもっとも消費量の多いスパイス。コショウ科のつる植物の実を乾燥させたもので、食欲をそそるシャープな辛みとさわやかな香りを持つ。粒で求め、用途に応じてそのつどひくと、風味、香りが生きる。

8 ランペ

部 位	葉
別 名	パンダンリーフ、ニオイタコノキ
原産地	スリランカ

甘い香りのする乾燥ハーブで、タイやスリランカなど東南アジアの国々で使われる。肉や魚介類との相性がよく、スリランカ風カレーに欠かせない。乾燥、生の冷凍（写真上）がネットで入手できる。筋がかたいものは、食べるときは取り除く。

9 カスリメティ

部 位	葉
別 名	メティリーブス
原産地	地中海地方

「フェヌグリーク」の葉の部分の乾燥ハーブ。ふんわりとした甘みのあるマイルドな芳香が特徴で、バターチキンや煮込み料理の仕上げに欠かせない。カレーの香りをまとめ、本格派カレーの味わいに。パンの香りづけに使われることもある。

Spice guide

ホールスパイス②

短時間に香りが引き立つスパイスです。主に仕上げのスパイス（テンパリング）に使われます。玉ねぎの炒め時間が短い場合、一部ははじめのスパイス（スターター）として使うこともあります。テンパリング初心者には、強いクセのないマスタードシード、クミンシードがおすすめ。それらを使いこなせるようになったら、苦みが出やすいフェヌグリークシード、ミントのようなさわやかな香りがつくフェンネルシードに挑戦してみましょう。

❶ マスタードシード

部位	種子
別名	辛子
原産地	インドほか

乾燥状態では無臭だが、油で熱するとナッツのような香りが出るので、カレーの仕上げのスパイス（テンパリング）に多用される。すりつぶすと酸味が出る。インドではブラウンマスタードシードを使うが、イエローマスタードシードを使ってもよい。

❷ フェヌグリークシード

部位	種子
別名	メティメッチ
原産地	地中海地方

甘い香りと強い苦みがあるが、じっくり火を通すと苦みが弱まり、メープルシロップのような甘い風味の深みのある本格的な味わいになる。かむと苦いので使いすぎないこと。

❸ クミンシード

部位	種子
別名	馬芹（うまぜり）
原産地	エジプト

カレーを思わせるエスニックな香りが特徴的。インド料理では、仕上げのスパイス（テンパリング）としてもよく使われるほか、野菜の炒めものやご飯を炊くときなどにも。インド全土で広く使われている。

❹ チリホール

部位	果実
別名	レッドペッパー、唐辛子
原産地	熱帯アメリカ

赤唐辛子。カレーの辛さを決めるスパイス。仕上げのスパイス（テンパリング）や、つぶしてはじめのスパイス（スターター）として使われる。辛みのもとのカプサイシンは熱に強いので、加熱しても辛さは変わらない。

❺ フェンネルシード

部位	種子
別名	ういきょう
原産地	地中海沿岸

「魚のハーブ」と呼ばれるほど魚料理との相性がいい。種子は甘い香りでピリッとする風味があり、ピクルスやマリネ、お菓子やパンなどにも向く。インドでは食後に口直しとしてフェンネルをかむ習慣がある。

❻ カレーリーフ

部位	葉
別名	カラピンチャ
原産地	インド

南インドやスリランカ料理に欠かせないハーブで、柑橘系の香りが特徴的。乾燥させると香りが弱くなるため、基本的に生の葉を使うとよい。また、調理時間が長いと香りが飛んでしまうので、仕上げのテンパリングで使う。ネットでは生の冷凍が販売されているほか、日本でも苗木から栽培することができる。

❼ ヒング

部位	茎
別名	アサフェティダ
原産地	インド

ジャイアントフェンネルという植物の根から取れる樹液を粉末にしたスパイス。南国の果実のような甘い香りがするが、油で加熱すると、玉ねぎのような風味になる。インドではおなじみのスパイス。

第1章

肉のカレー

肉のうまみと豊かなスパイスの香りが楽しめるボリューム満点、肉のカレーです。

炒め料理のスパイスカレーは、ルーを食べるというより具材を食べる感覚のもの。

鶏肉、豚肉、牛肉、羊肉の中からまずは好きな肉で作ってみてください。

ご飯にもパンにも合う本格派の肉のカレーをお届けします。

チキンチェティナドゥ

［ チェティナドゥ風鶏肉のカレー ］

南インドのチェティナドゥ地方は、スパイシーな料理が有名です。
スパイスをふんだんに使った複雑な香りに、チリの辛みが刺激的。
ほろりと煮込まれた鶏肉の深みのあるおいしさは、一度食べるとはまります。

材料 （4人分）

鶏手羽元	500g
下味	
└ 塩、ブラックペッパー	各小さじ½
玉ねぎ（薄切り）	1個
トマト（ざく切り）	½個
青唐辛子	2本
にんにく（みじん切り）	1かけ
しょうが（みじん切り）	1かけ
水	150mℓ
ココナッツミルク	100mℓ
塩	小さじ1
サラダ油	大さじ1

◉ はじめのスパイス

┌ カルダモン	5粒
│ クローブ	5粒
│ シナモン	5cm
└ スターアニス	1粒

◉ パウダースパイス

┌ クミン	小さじ1
│ コリアンダー	小さじ1
│ ターメリック	小さじ½
└ チリペッパー	小さじ¼

◉ 仕上げのスパイス

┌ マスタードシード	小さじ½
│ フェヌグリークシード	小さじ¼
│ フェンネルシード	小さじ¼
└ カレーリーフ	10枚
サラダ油（テンパリング用）	大さじ1〜

下準備

・手羽元に下味の調味料をよくすり込んでおく。

―――― カリー子'S memo ――――

テンパリング時の油の量は大さじ1（以上）使うとよい。少なすぎるとマスタードシードがはねて危険。フライパンを斜めに傾けて、常にスパイスが油に浸るようにするとよい。

作り方

スパイスを油で熱する S p.10

1 フライパンに油とはじめのスパイスを入れたら火をつけ、**強火**で熱する。**カルダモンがふくらんだら**、にんにく、しょうが、玉ねぎを加え、10分ほど炒める。

2 玉ねぎが**こげ茶色**になったらトマトと青唐辛子を加え、果肉をつぶすように**中火で2分**ほど炒めて**ペースト状**にする。

3 パウダースパイスと塩を加え、**弱火で1分**ほど炒める。

4 鶏肉を加えて**中火**にし、肉の表面を炒める。肉の色が変わったら水を加えて沸騰させる。

5 ふたをして**弱火**で20分ほど煮込み、ココナッツミルクを加えて一煮立ちさせる。塩（分量外）で味をととのえて仕上げる。

スパイスを油で熱する T p.10

6 小さめのフライパンに油とマスタードシードを入れたら火をつけ、**強火**で熱する。**マスタードシードが数粒はね始めたら**、ごく弱火にしてフェヌグリークシードを加える。**マスタードシードが8割**がたはねたらフェンネルシードを加える。

7 フェンネルシードが泡を立てて浮いてきたら火を止める。カレーリーフを加えてすぐに油ごと**5**のカレーに回しかける。

【 青唐辛子 】

グリーンチリ。唐辛子が赤く熟す前に収穫したもので、ピリッとした辛みがある。スパイスといっしょに加熱したり、生でトッピングに使うことも。なければ、ししとうで代用を。

バターチキンカレー ［鶏肉のバター風味カレー］

元は宮廷料理の一つで、北インドを代表するカレー。日本でも人気が定着しています。
玉ねぎは使わず、生クリームとカシューナッツのコクと風味でクリーミー感も一段とアップ。
ナン、チャパティやフランスパンとよく合います。

材料 （4人分）

鶏もも肉	400g
トマト（ざく切り）	1個
にんにく（すりおろし）	1かけ
しょうが（すりおろし）	1かけ
水	150㎖
生クリーム	100㎖
カシューナッツ	30g
ギー *1（バター15gでも可）	15g
塩	小さじ1

◈ ミックススパイス

A カルダモン	2粒
シナモン	2cm
スターアニス *2	2かけ
クミンシード	小さじ2
コリアンダーシード	小さじ2
パプリカパウダー	大さじ2
チリペッパー	小さじ½
カスリメティ	ひとつまみ

＊1 作り方はp.92参照。市販品もある。
＊2 1粒（8かけ）のうち、2かけを使用する。

下準備

・鶏肉は一口大に切る。

・カシューナッツはミルで粉末にする。

カシューナッツとホールスパイスは別々にミルにかけて粉末にする。いっしょにかけると、ナッツの油分でスパイスが粉末にならないことがある。

カリー子'S memo

カスリメティはバターチキンカレーの仕上げに欠かせないスパイス。独特な香りなので、現地ではトッピングとして使うのは見かけない。具材といっしょに加えて煮込んで香りを出すのが特徴的。

作り方

スパイスを粉末にする
p.12

1

Aのホールスパイスはミルで粉末にし、ほかのスパイスと混ぜ合わせて、ミックススパイスを作る。

2

フライパンにギーを熱し、にんにく、しょうがを加えて**中火**で炒める。香りが立ってきたら、トマトを加える。

3

トマトをへらでつぶしながら**ペースト状**になるまで炒める。

4

1のミックススパイスとカシューナッツ、塩を加え、**弱火**でよく混ぜながら1分ほど炒める。

5

鶏肉、水、カスリメティを加え、沸騰したらふたをして**弱火**で15分ほど煮込む。

6

生クリームを加えて一煮立ちさせ、塩（分量外）で味をととのえて仕上げる。

スリランカンチキンカレー
［ スリランカ風鶏肉のカレー ］

スリランカのカレーはスープ状のものが多く、よく煮込むのが特徴。
香り高く、さらっとしているのに濃厚な味わいが楽しめるチキンカレーです。
「ツナパハ」と呼ばれるミックススパイスが香りの決め手。ぜひ手作りしてください。

材料 （4人分）

鶏もも肉	400g
玉ねぎ（薄切り）	¼個
にんにく	1かけ
しょうが	1かけ
水	200㎖
ココナッツミルク	100㎖
塩	小さじ1
サラダ油	大さじ1

◈ はじめのスパイス

ランペ	3cm（乾燥なら10切れ）
カルダモン	3粒
クローブ	3粒
シナモン	3cm
チリホール	2本
カレーリーフ	10枚

◈ パウダースパイス

ターメリック	小さじ½
ツナパハ	1回分

下準備

・鶏肉は一口大に切る。

「ツナパハ」の作り方

インドのカレー粉はガラムマサラ。ツナパハはスリランカのカレー粉と呼ばれるミックススパイス。

材料 （1回分／目安大さじ3）

シナモン3cm／コリアンダーシード大さじ1／クミンシード大さじ½／生米大さじ½／フェンネルシード小さじ½／チリホール3本

作り方

すべての材料をフライパンに入れ、弱火で米の表面がきつね色になるまで5分ほど炒る。粗熱を取ってミルで粉末にする。

作り方

スパイスをつぶす
p.12

1 にんにく、しょうが、カレーリーフ以外のはじめのスパイスをマサラつぶし（すり鉢でもOK）に入れて粗くつぶす。

2 フライパンに油を入れて1のスパイスとカレーリーフを加え、**中火で30秒**ほど熱する。香りが立ったら玉ねぎを加えて、**透明になるまで**1分ほど炒める。

3 パウダースパイスと塩を加えて**弱火**で1分ほど炒める。

4 鶏肉を加えて肉の色が変わるまで**中火**で炒める。

5 水を加えて沸騰させ、ふたをしてを**弱火**で15分ほど煮込む。ココナッツミルクを加えて一煮立ちさせ、塩（分量外）で味をととのえて仕上げる。

カリー子'S memo

ツナパハはスリランカンパンプキンカレー（p.40）やスリランカンフィッシュカレー（p.68）に応用できる。スリランカンカレーパウダーとして市販もされているが、保存がきくので、多めに手作りするのがおすすめ。チリホールの辛みが苦手なら、種やワタを除いて使うとよい。

ツナはシンハラ語（スリランカの言語）で3、パハは5を表し、ツナパハは「たくさんのスパイスを使っている」という意味。

ダムカムルギー ［鶏肉の無水カレー］

ハイデラバードの鶏肉の蒸し煮カレー。具材をいっさい炒めずに水も加えず、煮込むだけ。
鶏肉本来のうまみとさまざまなスパイスの香りが溶け合った複雑なおいしさです。
焦げやすいので、ときどき混ぜながら、終始ごく弱火の火加減で。

材料 （4人分）

鶏手羽元	500g
トマト（ざく切り）	½個
フライドオニオン＊	1回分（目安50g）
青唐辛子	2本
にんにく（すりおろし）	1かけ
しょうが（すりおろし）	1かけ
ヨーグルト（無糖）	200g
カシューナッツ	20g
塩	小さじ1

◉ ホールスパイス

カルダモン	5粒
クローブ	5粒
シナモン	5cm
ブラウンカルダモン	2粒
ベイリーフ	2枚

◉ パウダースパイス

クミン	小さじ1
コリアンダー	小さじ1
ターメリック	小さじ½
チリペッパー	小さじ½
ブラックペッパー	小さじ½

＊作り方はp.93参照。市販のフライドオニオン（粉のついていないもの）でもOK。その場合は30gを使用。

下準備

・カシューナッツはミルで粉末にする。

作り方

1 フライパンにすべての材料を入れる。フライドオニオンは手で粗くつぶしながら加える。

2 へらでフライパンの底から返すようにして材料をよく混ぜる。

スパイスを煮る
p.13

3 蒸気穴をペーパータオルでふさいだふたをして、ごく**弱火**で30分ほど煮込む。

4 10〜15分ごとに焦げつかないように底から大きくかき混ぜる。塩（分量外）で味をととのえて仕上げる。肉をやわらかくしたい人はかき混ぜながら、さらに30分ほどごく弱火で煮る。

―――― カリー子'S memo ――――

ヨーグルトはよくかき混ぜてから加えること。なめらかにしておかないとダマになりやすい。フッ素樹脂加工されていないフライパンや鍋を使う場合は、無水状態で煮込むので、火が強いと焦げる。弱火で煮込み、10〜15分に一度、底からかき混ぜること。

パラクキーマカレー ［ほうれん草とひき肉のカレー］

みんな大好きなひき肉のカレー。ひき肉をできるだけほぐしながら炒めるのがコツ。
ほうれん草は加熱すると色が黒ずむので、最後に加えてさっと炒めましょう。
仕上げのテンパリングで香りを引き出すのがポイントです。

材料 （4人分）

鶏ひき肉	300g
ほうれん草	1把（250g）
玉ねぎ（みじん切り）	1個
トマト（ざく切り）	½個
にんにく（みじん切り）	1かけ
しょうが（みじん切り）	1かけ
塩	小さじ1
サラダ油	大さじ1

◈ パウダースパイス

┌ クミン	小さじ1
│ コリアンダー	小さじ1
│ ターメリック	小さじ½
│ ブラックペッパー	小さじ½
└ チリペッパー	小さじ¼

◈ 仕上げのスパイス

┌ マスタードシード	小さじ½
│ クミンシード	小さじ½
│ フェヌグリークシード	小さじ¼
└ ヒング	小さじ⅛
サラダ油（テンパリング用）	大さじ1～

下準備

・ほうれん草は根元を切って、みじん切りにする。

作り方

1 フライパンに油を熱し、にんにく、しょうが、玉ねぎを加え、**強火**で玉ねぎがこげ茶色になるまで10分ほど炒める。トマトを加え、果肉をつぶすように**中火**で2分ほど炒めて、ペースト状にする。

2 パウダースパイスと塩を加えて、**弱火**で1分ほど炒める。

3 ひき肉を加え、**中火**で肉の色が変わるまで2分ほど炒める。

4 ほうれん草を加えて大きく混ぜながら2分ほど炒める。塩（分量外）で味をととのえて仕上げる。

スパイスを油で熱する **T** p.10

5 小さめのフライパンに油とマスタードシードを入れたら火をつけ、**強火**で熱する。マスタードシードが数粒はね始めたら、ごく弱火にしてフェヌグリークシードを加える。**マスタードシードが8割がたはねたら**クミンシードを加える。

6 クミンシードが**泡を立てて浮いてきたら火を止め、ヒ**ングを加えてすぐに油ごと**4**のカレーに回しかける。

コフタカレー ［肉団子のカレー］

スパイスを練り込んだ肉団子のカレーは、誰からも好まれるやさしい味わいです。
ハーブのカスリメティを加えることで、一気に北インドの香りのカレーに。
好みで香菜を添え、肉団子をつぶしながらご飯に混ぜて食べると、おいしさ倍増。

材料 （4人分）

コフタ

┌ 合いびき肉	300g
│ 玉ねぎ（みじん切り）	½個
│ 卵	1個
│ 香菜（みじん切り）	1株
│ にんにく（すりおろし）	1かけ
│ しょうが（すりおろし）	1かけ
│ パン粉	大さじ3
│ クミンパウダー、コリアンダーパウダー	各小さじ1
│ ターメリック、ブラックペッパー、塩	各小さじ½

玉ねぎ（みじん切り）	½個
トマト（ざく切り）	1個
にんにく（すりおろし）	1かけ
しょうが（すりおろし）	1かけ
水	200mℓ
牛乳	50mℓ
塩	小さじ1
サラダ油	大さじ1
カスリメティ	ひとつまみ
ベイリーフ	3枚

◈ はじめのスパイス

┌ カルダモン	5粒
│ クローブ	5粒
└ シナモン	5cm

◈ パウダースパイス

┌ クミン	小さじ1
│ コリアンダー	小さじ1
│ ターメリック	小さじ½
└ チリペッパー	小さじ½

香菜（好みで）	適量

作り方

1 ボウルにコフタの材料をすべて入れ、粘り気が出るまでこねる。12等分し、団子状に丸める。

スパイスを油で熱する **S** p.10

2 フライパンに油とはじめのスパイスを入れたら火をつけ、**強火**で熱する。**カルダモンがふくらんだら**、にんにく、しょうが、玉ねぎを加え、10分ほど炒める。

3 玉ねぎが**こげ茶色**になったらトマトを加え、果肉をつぶすように**中火**で2分ほど炒めて**ペースト状**にする。

4 パウダースパイスと塩を加えて、**弱火**で、1分ほど炒める。

5 水と牛乳、カスリメティ、ベイリーフを加えて混ぜ合わせ、煮立たせる。

6 ①のコフタをそっと入れ、ふたをして**弱火**で10分ほど煮る。コフタを裏返してさらに5分煮て、塩（分量外）で味をととのえて仕上げる。

キーママドラス ［南インド風のひき肉カレー］

マドラスは現在の南インド、チェンナイの旧都市名。ココナッツミルクを使い、
まろやかな味わいの中にスパイスの香りが弾けるキーマカレーです。
わずかに水分が残る程度に煮て、しっとりほろほろの食感に。

材料 （4人分）

合いびき肉……………………………400g
玉ねぎ（みじん切り）………………1個
トマト（ざく切り）…………………½個
にんにく（みじん切り）……………1かけ
しょうが（みじん切り）……………1かけ
ココナッツミルク……………………100mℓ
塩………………………………………小さじ1
サラダ油………………………………大さじ1

◎ はじめのスパイス

┌ カルダモン…………………………5粒
│ クローブ……………………………5粒
│ シナモン……………………………5cm
└ スターアニス………………………1粒

◎ パウダースパイス

┌ クミン………………………………小さじ1
│ コリアンダー………………………小さじ1
│ ターメリック………………………小さじ½
│ チリペッパー………………………小さじ½
└ ブラックペッパー…………………小さじ¼

◎ 仕上げのスパイス

┌ マスタードシード…………………小さじ½
│ クミンシード………………………小さじ½
│ フェヌグリークシード……………小さじ⅛
│ ヒング………………………………小さじ⅛
│ チリホール…………………………2本
└ カレーリーフ………………………10枚
サラダ油（テンパリング用）………大さじ1〜

作り方

スパイスを油で熱する **S** p.10

1 フライパンに油とはじめのスパイスを入れたら火をつけ、**強火**で熱する。**カルダモンがふくらんだら**、にんにく、しょうが、玉ねぎを加え、10分ほど炒める。

2 玉ねぎが**こげ茶色**になったらトマトを加え、果肉をつぶすように**中火**で2分ほど炒めて**ペースト状**にする。

3 パウダースパイスと塩を加え、**弱火**で1分ほど炒める。

4 ひき肉を加えて肉の色が変わるまで炒める。

5 ココナッツミルクを加えて一煮立ちさせ、塩（分量外）で味をととのえて仕上げる。

スパイスを油で熱する **T** p.10

6 小さめのフライパンに油とマスタードシードを入れたら火をつけ、**強火**で熱する。**マスタードシードが数粒はね始めたら**、ごく**弱火**にしてフェヌグリークシードを加える。

7 マスタードシードが**8割がた**ねたら、チリホールとクミンシードを加える。**クミンシードが泡を立てて浮いてきたら火を止め**、ヒングとカレーリーフを加え、すぐに油ごと⑤のカレーに回しかける。

─── カリー子'S memo ───

合いびき肉のほか、豚や鶏ひき肉でもおいしい。マトンのひき肉で作ると、ぐっと本場風に。ココナッツミルクの代わりにヨーグルトを使ってもOK。

ポークビンダルー ［ワインビネガーの豚肉カレー］

カレー好きの間でも人気上昇中なのが、穏やかな甘みとほのかな酸味が心地よい、
豚肉の煮込みカレー。ポルトガル領だったゴア州の代表的なカレーで、
ワインビネガーを使うのが特徴。ビネガーの酸味は加熱するとうまみに変わり、より奥深い味に。

材料 （4人分）

豚肩ロース肉	500g
玉ねぎ（薄切り）	1個

A 赤ワインビネガー＊ … 50mℓ
　塩 … 小さじ1
　砂糖 … 小さじ2
　にんにく（すりおろし） … 1かけ
　しょうが（すりおろし） … 1かけ

水	150mℓ
サラダ油	大さじ1

◈ ミックススパイス
B クローブ … 3粒
　シナモン … 3cm
　コリアンダーシード … 大さじ1
　クミンシード … 大さじ1
　ブラックペッパー … 小さじ½
　パプリカパウダー … 大さじ1
　ターメリック … 小さじ½

ベイリーフ … 2枚

＊ぶどうを原料にした酢。赤ワイン25mℓ＋酢25mℓで代用可。白ワインビネガーでもよい。

下準備

・豚肉は一口大に切る。

作り方

スパイスを粉末にする p.12

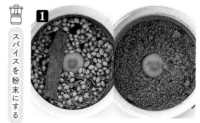

1 **B**のホールスパイスはミルで粉末にする。ベイリーフ以外のほかのスパイスと混ぜ合わせて、ミックススパイスを作る。

2 ポリ袋に**A**、ミックススパイス、ベイリーフを加えて混ぜ合わせてから豚肉を入れ、15分から一晩漬ける。

3 フライパンに油を熱し、玉ねぎを加える。**強火**で玉ねぎが**こげ茶色**になるまで10分ほど炒め、**2**の豚肉を加える。

4 肉の表面を2分ほど軽く炒め、水を加える。

5 沸騰したらふたをし、**弱火**で20分ほど煮込む。

6 仕上げに塩（分量外）で味をととのえて仕上げる。

カリー子'S memo

2の漬けた状態で最長5日間は、冷蔵保存できる。使いきれない肉があればこれに漬けておくとよい。鶏肉ならチキンビンダルー、牛肉ならビーフビンダルーにアレンジ可能。

ビーフカレー ［トマト風味の牛肉カレー］

イスラム教徒で、ノンベジの人（非菜食主義者）が多い地域では牛肉も食べます。
大ぶりの牛肉にトマトの酸味がマッチしたスープ状のカレー。青唐辛子で辛みを添えました。
見た目よりさっぱりとした味わいに、肉のうまみがダイレクトに楽しめます。食べ応えも十分。

材料 （4人分）

牛肩ロース肉	400g
玉ねぎ（薄切り）	1個
トマト（ざく切り）	1個
青唐辛子	2本
にんにく（みじん切り）	1かけ
しょうが（みじん切り）	1かけ
水	300ml
塩	小さじ1
サラダ油	大さじ1

◉ はじめのスパイス

カルダモン	5粒
クローブ	5粒
シナモン	5cm
ブラウンカルダモン	2粒

◉ パウダースパイス

クミン	小さじ2
コリアンダー	小さじ2
ターメリック	小さじ½
チリペッパー	小さじ¼
ブラックペッパー	小さじ¼
カスリメティ	ひとつまみ
ベイリーフ	3枚
レモン汁	大さじ1

下準備

・牛肉は一口大に切る。

作り方

スパイスを油で熱する
S
p.10

フライパンに油とはじめのスパイスを入れたら火をつけ、**強火**で熱する。**カルダモン**がふくらんだら、にんにく、しょうが、玉ねぎを加え、10分ほど炒める。

玉ねぎが**こげ茶色**になったら青唐辛子、トマトを加え、果肉をつぶすように**中火**で2分ほど炒めて**ペースト状**にする。

パウダースパイスと塩を加え、**弱火**で1分ほど炒める。

牛肉を加えて肉の色が変わるまで**中火**で炒める。

スパイスを煮る
p.13

水、カスリメティ、ベイリーフを加える。沸騰したら、**弱火**でふたをして20分ほど煮る。仕上げにレモン汁を加え、塩（分量外）で味をととのえて仕上げる。

カリー子'S memo

もっと濃厚にしたいときは、水の1/3量を生クリームに替え、レモン汁を省いてもよい。青唐辛子はナポリタンの中にピーマンを入れるような感覚で、青っぽい香りと辛みをつけたいときに使う。かなり辛いので、種を除いて使ってもよい。手に入らないときはししとうやピーマンでも。

サグマトン ［青菜と羊肉のカレー］

インドでもごちそうのマトンカレー。スパイスをまぶしてじっくり煮込んだ肉の強いうまみに
青菜がからんだ、スパイシーで深みのある味わい。青菜のペーストは加えたら
さっと加熱し、深い緑色を生かします。手間をかけた分だけ、おいしさもひとしお。

材料 （4人分）

マトン骨つき肉	500g
玉ねぎ（みじん切り）	1個
トマト（ざく切り）	½個
青菜（ほうれん草やからし菜など）	1把（250g）
にんにく（みじん切り）	1かけ
しょうが（みじん切り）	1かけ
水	300㎖
塩	小さじ1
サラダ油	大さじ1

◎ はじめのスパイス

カルダモン	5粒
クローブ	5粒
シナモン	5cm
ブラウンカルダモン	2粒

◎ パウダースパイス

クミン	小さじ2
コリアンダー	小さじ2
ターメリック	小さじ½
チリペッパー	小さじ½
ベイリーフ	2枚

下準備

・ マトンはさっと水洗いして、水気をきる。冷凍肉を使うときは流水などでしっかり血抜きをする。

作り方

1 ポリ袋に塩、パウダースパイス、ベイリーフを加えてよく混ぜてからマトンを入れ、15分から一晩漬ける。

スパイスを油で熱する **S** p.10

2 フライパンに油とはじめのスパイスを入れたら火をつけ、**強火**で熱する。**カルダモンがふくらんだら**、にんにく、しょうが、玉ねぎを加え、10分ほど炒める。

3 玉ねぎが**こげ茶色**になったらトマトを加え、果肉をつぶすように**中火**で2分ほど炒めて**ペースト状**にする。

スパイスを煮る p.13

4 ①と水を加えて沸騰したらふたをして**弱火**で1時間ほどマトンがやわらかくなるまで煮込む（圧力鍋があれば15分加圧する）。

5 青菜を電子レンジ（800W）で2分加熱して水に取って絞る。水100㎖（分量外）とともにミキサーにかけてペースト状にする。
＊電子レンジが500Wの場合の加熱時間は、3割増しにする。

6 ④のふたを取り、**中火**で5分ほど水気を飛ばし、⑤を加えて大きく混ぜて火を止める。塩（分量外）で味をととのえて仕上げる。

--- カリー子'S memo ---

マトンの代わりにラムや鶏肉でもOK。骨なしの場合は煮込みは15分、水は150㎖でよい。骨つきのほうが肉のうまみと強い香りを引き出すことができるが、じっくり煮込まなければならない。圧力鍋を使えば、加圧15分と短時間で煮込める。

レバーマサラ［レバーのカレー］

ふっくらと香り豊かなレバーが驚くほどおいしい。下味のスパイス効果で、臭みもありません。
レモンを絞って食べると、よりスパイスの香りとおいしさが際立ちます。

―― カリー子'S memo ――
レバーは①の状態で下味をつけると冷蔵庫で1〜2日保存できる。あれば独特な酸味と酸っぱい香りのマスタードオイルを使うと現地の味になる。

材料 （4人分）

鶏レバー‥‥‥‥‥‥‥‥‥‥‥300g

下味

にんにく（すりおろし）‥‥‥‥‥1かけ
しょうが（すりおろし）‥‥‥‥‥1かけ
プレーンヨーグルト（無糖）‥‥‥大さじ1
マスタードオイル＊（サラダ油でも可）‥大さじ1
塩‥‥‥‥‥‥‥‥‥‥‥‥‥‥小さじ1

◈ ミックススパイス

A カルダモン‥‥‥‥‥‥‥‥2粒
クローブ‥‥‥‥‥‥‥‥‥2粒
シナモン‥‥‥‥‥‥‥‥‥2cm
クミン‥‥‥‥‥‥‥‥‥‥‥小さじ1
ターメリック‥‥‥‥‥‥‥‥小さじ½
チリペッパー‥‥‥‥‥‥‥‥小さじ¼
ブラックペッパー‥‥‥‥‥‥小さじ¼
玉ねぎ（薄切り）‥‥‥‥‥‥‥‥½個
トマト（ざく切り）‥‥‥‥‥‥‥½個
サラダ油‥‥‥‥‥‥‥‥‥‥‥大さじ1

＊ マスタードの種子から作られる風味のよいオイル。

下準備

・レバーは血の塊を除き、一口大に切る。水洗いして、水気を拭く。

作り方

スパイスを粉末にする
p.12

1 **A**はミルで粉末にし、ほかのスパイスと混ぜ合わせ、ミックススパイスを作る。下味の材料と混ぜ、調理するまでレバーにからめておく。

2 フライパンに油を熱し、玉ねぎを加えて**強火**でこげ茶色になるまで10分ほど炒める。トマトを加え、果肉をつぶすように**中火**で2分ほど炒めて**ペースト状**にする。

3 ①を加えて**中火**で2分ほど炒め、ふたをして**弱火**で8分ほど蒸し煮にする。塩（分量外）で味をととのえて仕上げる。

第 2 章

野菜・豆・卵のカレー

ふだんは副菜になりがちな野菜や豆を主役にしたカレーです。

ベジタリアンの多いインドでは、豆は貴重なたんぱく源。

スパイスが引き出す野菜や豆本来のおいしさを実感でき、

毎日食べても飽きない、まさにインドの家庭料理です。

本場風に指をスプーン代わりにして、ご飯と混ぜながらいただきましょう。

スリランカンパンプキンカレー

［ スリランカ風かぼちゃのカレー ］

ツナパハ（スリランカのカレーパウダー／p.23）を使った、まろやかなかぼちゃのカレー。
かぼちゃを数個つぶしてカレーにとろみをつけます。ココナッツミルクを
生クリームに替えれば濃厚に、牛乳にすればあっさり味にアレンジでき、パンにもよく合います。

材料 （4人分）

かぼちゃ	¼個（400g）
玉ねぎ（薄切り）	¼個
にんにく（みじん切り）	1かけ
しょうが（みじん切り）	1かけ
水	300㎖
ココナッツミルク	100㎖
塩	小さじ1
サラダ油	大さじ1
ツナパハ（p.23参照）	1回分
┌ シナモン	3cm
│ チリホール	3本
│ コリアンダーシード	大さじ1
│ クミンシード	大さじ½
│ 生米	大さじ½
└ フェンネルシード	小さじ½
ターメリック	小さじ½

下準備

・かぼちゃは種とワタを除き、一口大の角
　切りにする。

作り方

スパイスを粉末にする
p.12

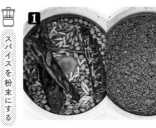

1 ツナパハのすべての材料を
フライパンに入れ、**弱火**で
米の表面がきつね色になる
まで5分ほど炒める。粗熱を
取ってミルで粉末にする。

2 フライパンに油を入れて**強
火**で熱し、にんにく、しょう
が、玉ねぎを加えて2分ほど
炒める。玉ねぎが**透明**になっ
たら、①とターメリック、塩、
かぼちゃを加えて炒める。

3 水を加えて沸騰したら、ふた
をして**中火**で10分ほど煮る。

4 かぼちゃがやわらかくなった
ら、いくつかへらでつぶして
混ぜ、とろみをつける。

5 ココナッツミルクを加えて一
煮立ちさせる。塩（分量
外）で味をととのえて仕上げ
る。

―――― カリー子'S memo ――――

このカレーに砂糖小さじ1〜を加えて甘みを加
えると、よりパンに合う味に。ツナパハに使う
生米は、日本米でもよい。バスマティ米だとソ
フトな花のような香りになる。米は風味づけの
ほか、自然なとろみをつける役目もある。

ラサム ［トマトのスープカレー］

タマリンドの酸味のきいたサラサラのトマトスープ風カレー。
南インドでは毎日食べられるほどポピュラーなカレーです。最後に香菜をたっぷり散らし、
ご飯に混ぜて召し上がれ。冷やしてもおいしいので、夏バテで食欲のないときにもおすすめです。

材料 （4人分）

トマト（ざく切り）…………………………1個
にんにく（すりおろし）……………………1かけ
タマリンド＊………………………………20g
水…………………………………………200㎖
塩…………………………………………小さじ1
サラダ油…………………………………大さじ1

◈ はじめのスパイス

┌ マスタードシード………………小さじ½
│ クミンシード……………………小さじ½
│ ヒング……………………………小さじ⅛
│ チリホール………………………2本
└ カレーリーフ……………………10枚

香菜（みじん切り）…………………………1株

＊種なし梅干し20gまたはレモン汁大さじ2＋
砂糖小さじ2で代用可。

下準備

・タマリンドをお湯100㎖（分量外）に15
　分ほど浸してもみほぐし、タマリンド水を
　作る。

【 タマリンド 】

熱帯地方の豆の果実。あん
ずや梅干しのような味がし、
料理の酸味づけに使われる。
果肉を圧縮したブロック状で
市販されている。

カリー子'S memo

現地ではサンバル（p.44）とセットで食べるこ
とが多い。サンバルといっしょに作るときは、
サンバルの豆の煮汁をお玉1～2杯ほどラサ
ムに加えると、まろやかになり、自然なとろみも
つく。ラサムのようなトマト風味のカレーには、
サンバルや生クリーム、ココナッツミルクなどを
加えた濃厚なカレーを合わせるのがおすすめ。
複数のカレーを同時に作る場合、バランスを
考えてベースの傾向が異なるものを選ぶと、
味に飽きがこない。

作り方

スパイスを油で熱する S p.10

1 フライパンに油とマスタード
シードを入れたら火をつけ、
強火で熱する。**マスタード
シードが8割がたはねてきた
ら、ごく弱火**にしてチリホー
ル、クミンシード、ヒングの
順に加える。

2 すぐにカレーリーフとにんに
くを順に加えて、**弱火で15
秒**ほど炒める。

3 トマトを加え、果肉をつぶす
ように**中火で2分**ほど炒め
て**ペースト状**にする。

4 水と塩を加えて混ぜる。タ
マリンド水はスジや種を手
で受けて取り除きながら加
える。

5 さっと一煮立ちさせたら火
を止め、香菜を散らし、塩
（分量外）で味をととのえて
仕上げる。

南インド

サンバル ［豆と野菜の酸味カレー］

具だくさんの野菜の豆カレーで、南インドでは毎日のように食べられている伝統的なカレーです。
じっくりと煮た豆に、野菜の風味がプラスされ、タマリンドの甘酸っぱさがたまりません。
サンバルは、念入りにご飯に混ぜ合わせてからいただきましょう。

材料 （4人分）

トゥールダル（キマメ）	120g
なす	1本
さやいんげん	10本
タマリンド＊	20g
ターメリック	小さじ½
塩	小さじ1

◈ ミックススパイス

ココナッツファイン	大さじ3
┌ コリアンダーシード	大さじ1
│ クミンシード	大さじ½
└ チリホール	2本

◈ 仕上げのスパイス

┌ マスタードシード	小さじ½
│ クミンシード	小さじ½
│ フェヌグリークシード	小さじ¼
│ ヒング	小さじ⅛
│ カレーリーフ	10枚
└ チリホール	1本
サラダ油（テンパリング用）	大さじ1〜

＊ p.43参照。種なし梅干し20gまたはレモン汁大さじ2＋砂糖小さじ2で代用可。

【 トゥールダル 】
和名はキマメ。黄色いエンドウ豆の皮をむき、半割りにしたもの。南インドではサンバルやラッサムのベースに欠かせない豆。コクがあり、味わい深い。ゆでるのに時間がかかるので、多めにゆでて冷凍がおすすめ。ネットショップで入手可能。

【 ココナッツファイン 】
熟したココヤシの胚乳を削って乾燥させた、細かいフレーク状のもの。日本では製菓材料として売られていることが多い。

─── カリー子'S memo ───
サンバルに加える野菜はこのほか、季節野菜を生かしてオクラ、大根、うり、にんじん、かぶなどでも。トゥールダルは比較的手に入りやすい赤レンズ豆で代用してもよい。その場合、煮込み時間は15分ほどでOK。

下準備

・さやいんげんは4等分に切り、なすは1cm角に切る。

・タマリンドをお湯100㎖（分量外）に15分ほど浸してもみほぐし、タマリンド水を作る。

・トゥールダルはよく洗い、5時間以上浸水させる。

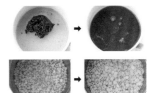

作り方

❶
浸水させたトゥールダルを1ℓほどの水と鍋に入れ、**弱火で**1時間ほど煮る。水が少なくなってくるとこげやすいので、20分に一度確認して差し水をする（圧力鍋があれば、水500㎖で、10分加圧する）。豆がくずれるほどやわらかくなったら、豆をおたまの裏でつぶしてとろみをつける。

スパイスを粉末にする p.12

❷
ミックススパイスを作る。ココナッツファインとほかのスパイスを**弱火**にかけて、ココナッツファインが**薄茶色**に色づいたら火を止める。粗熱を取り、ミルで粉末にする。

❸
❶に❷のスパイス、ターメリック、なす、いんげん、塩を加えてよく混ぜる。

❹
タマリンド水はスジや種を手で受けて取り除きながら加える。野菜に火が通るまで3分ほど煮る。

スパイスを油で熱する Ｔ p.10

❺
小さめのフライパンに油とマスタードシードを入れたら火をつけ、**強火で熱する**。マスタードシードが数粒はね始めたら、ごく**弱火**にしてフェヌグリークシードを加える。

❻
マスタードシードが8割がたはねてきたら、チリホール、クミンシードを加える。**クミンシードが泡を立てて浮いてきたら火を止め、ヒングとカレーリーフを加え、すぐに油ごと❹のカレーに回しかける。

マッシュルームマサラ ［マッシュルームのクリームカレー］

きのこのうまみとカシューナッツのコク、スパイスの心地よい刺激が
ハーモニーを奏でる、クリーム系の濃厚カレー。
お好みで仕上げに香菜やブラックペッパーをふり、ナンやバゲットなどのパンを添えていただきます。

材料 （4人分）

ブラウンマッシュルーム ……… 12個（300g）
玉ねぎ（みじん切り）………………………… 1個
トマト（ざく切り）………………………… ½個
にんにく（みじん切り）………………… 1かけ
しょうが（みじん切り）………………… 1かけ
水 …………………………………………… 100mℓ
牛乳 ………………………………………… 100mℓ
塩 …………………………………………… 小さじ1
サラダ油 ………………………………… 大さじ1
カシューナッツ ……………………………… 30g

◈ はじめのスパイス

┌ カルダモン …………………………… 5粒
│ クローブ ……………………………… 5粒
└ シナモン ……………………………… 5cm

◈ パウダースパイス

┌ コリアンダー ………………………… 小さじ1
│ クミン ………………………………… 小さじ1
│ ターメリック ………………………… 小さじ½
└ チリペッパー ………………………… 小さじ½
カスリメティ ………………………… ひとつまみ

下準備

・マッシュルームは半分に切る。
・カシューナッツはミルで粉末にする。

作り方

スパイスを油で熱する **S** p.10

1 フライパンに油とはじめのスパイスを入れたら火をつけ、**強火**で熱する。**カルダモン**がふくらんだら、にんにく、しょうが、玉ねぎを加え、10分ほど炒める。

2 玉ねぎが**こげ茶色**になったらトマトを加え、果肉をつぶすように**中火で2分**ほど炒めて**ペースト状**にする。

3 パウダースパイスと塩、カシューナッツを加え、**弱火**で1分ほど炒める。

4 水と牛乳、カスリメティ、マッシュルームを加えて混ぜる。

5 沸騰したらふたをして**弱火**で10分ほど煮て、塩（分量外）で味をととのえて仕上げる。

─── カリー子'S memo ───

ブラウンマッシュルームのほか、ホワイトマッシュルームやエリンギでもおいしい。

アルゴビ ［じゃがいもとカリフラワーのカレー］

ベジタリアンが多いインドでも、じゃがいもとカリフラワーはカレーの定番コンビ。
野菜本来の持ち味が凝縮された味わいは、まさにインド家庭の味。
一口大にちぎったチャパティにはさんで、つぶしながら食べるのが本場流です。

材料 (4人分)

じゃがいも	3個 (300g)
カリフラワー	½株 (200g)
玉ねぎ (みじん切り)	1個
トマト (ざく切り)	½個
青唐辛子	2本
にんにく (みじん切り)	1かけ
しょうが (みじん切り)	1かけ
水	50mℓ
塩	小さじ1
牛乳	大さじ1
サラダ油	大さじ1

◈ はじめのスパイス

クミンシード	小さじ½
ヒング	小さじ⅛

◈ パウダースパイス

コリアンダー	小さじ1
クミン	小さじ½
ターメリック	小さじ½
チリペッパー	小さじ¼

下準備

・ じゃがいもは2cm角に切り、カリフラワー
　は小さめの小房に分ける。

作り方

スパイスを油で熱する **S** p.10

1 フライパンに油とクミンシードを入れたら火をつけ、**強火**で熱する。**クミンシードが泡立って浮いてきたら**ヒングを加える。

2 にんにく、しょうが、玉ねぎを加え、5分ほど炒める。玉ねぎが**あめ色**になったらトマト、青唐辛子を加え、トマトの果肉をつぶすように**中火**で2分ほど炒めて**ペースト状**にする。

3 パウダースパイスと塩を加え、**弱火**で1分ほど炒める。

4 じゃがいもとカリフラワー、水を加える。

5 よく混ぜ合わせ、沸騰したらふたをして**弱火**で10分ほど蒸し煮にする。

6 牛乳を加えて一煮立ちさせ、塩 (分量外) で味をととのえて仕上げる。

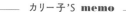

カリー子'S memo

最後にギー大さじ1かバター15gを加えて香りづけすると、一段と風味よく仕上がる。

✦ 知って得するヒンディー語　アル (Aloo) はじゃがいも、ゴビ (Gobi) はカリフラワーの意味。
カリフラワーをオクラ (ビンディ) に替えてアルビンディにしてもよい。 **049**

チェティナードエッグカレー ［ゆで卵のカレー］

南インドのチェティナード地方のゆで卵のカレーです。
はじめにゆで卵の表面を揚げ焼きにすることで、カレーがからみやすくなります。
ブラックペッパーでメインの辛みをつけたカレーは、一度食べるとクセになる味わいです。

材料 （4人分）

ゆで卵（固ゆで）………………	4個
玉ねぎ（薄切り）………………	1個
トマト（ざく切り）……………	½個
にんにく（みじん切り）………	1かけ
しょうが（みじん切り）………	1かけ
水 ………………………………	150mℓ
ココナッツミルク………………	100mℓ
塩 ………………………………	小さじ1
サラダ油（ゆで卵の揚げ焼き用）……	大さじ2

◈ パウダースパイス

コリアンダー …………………	小さじ1
クミン …………………………	小さじ1
ターメリック …………………	小さじ½
ブラックペッパー……………	小さじ½

◈ 仕上げのスパイス

マスタードシード……………	小さじ½
クミンシード …………………	小さじ½
ヒング …………………………	小さじ⅛
チリホール ……………………	2本
カレーリーフ …………………	10枚
サラダ油（テンパリング用）……	大さじ1～

下準備

・固ゆで卵を作り、殻をむく。

作り方

1 フライパンに油を熱し、ゆで卵を入れて転がしながら全体に焼き色をつけるように揚げ焼きにする。

2 卵を取り出したフライパンに、にんにく、しょうが、玉ねぎを入れ、**強火で10分**ほど炒める。

3 玉ねぎが**こげ茶色**になったらトマトを加え、果肉をつぶすように**中火で2分**ほど炒めて**ペースト状**にする。

4 パウダースパイスと塩を加え、**弱火で1分**ほど炒める。

5 水とココナッツミルクを加えて一煮立ちさせる。**1**の卵を戻し入れ、塩（分量外）で味をととのえて仕上げる。

スパイスを油で熱する **T** p.10

6 小さめのフライパンに油とマスタードシードを入れたら火をつけ、**強火で熱する**。**マスタードシードが8割がたはねてきたら**、ごく**弱火**にしてチリホール、クミンシードを加える。

7 **クミンシードが泡を立てて浮いてきたら火を止める**。ヒングとカレーリーフを加え、すぐに油ごと**5**のカレーに回しかける。

カリー子'S memo

現地では卵を生や半熟で食べることは基本的にはないが、日本の鮮度のよい卵なら、半熟にゆでてもおいしい。その場合、卵がやわらかいので多めの油で短時間素揚げにすること。

パリップ ［赤レンズ豆のココナッツカレー］

スリランカでは朝ご飯でもよく見かける、おなじみの豆カレー。
ココナッツミルクのコクとモルディブフィッシュのうまみでぐっと現地の味に近づきます。
スパイス感がしっかりあるのにマイルドな味わい。ご飯とよく混ぜて食べるのがおすすめです。

材料 (4人分)

赤レンズ豆	120g
玉ねぎ（薄切り）	¼個
にんにく	1かけ
水	400ml
ココナッツミルク	150ml
モルディブフィッシュ	小さじ1
塩	小さじ1
サラダ油	大さじ1

◉ はじめのスパイス

┌ ランペ	3cm（乾燥なら10切れ）
│ シナモン	3cm
└ チリホール	2本
カレーリーフ	10枚
ターメリック	小さじ½

下準備

・赤レンズ豆はとぎ汁がきれいになるまで、数回水をかえて洗う。

【赤レンズ豆】
レンズのような薄い円盤状の形の豆。皮をむいたオレンジ色のものを使う。早くゆで上がるのが特徴で、ゆで上がると黄色になる。

【モルディブフィッシュ】
モルディブで生産されているチップス状のかつお節。だしをとるというより、つぶして野菜カレーやサンボル（p.89）の香りづけに使われる。日本の削り節で代用できる。

作り方

スパイスをつぶす
p.12

1 カレーリーフ以外のはじめのスパイスとにんにく、モルディブフィッシュをマサラつぶし（すり鉢でもOK）に入れて、粗くつぶす。

2 フライパンに油を中火で熱し、1とカレーリーフを加えて30秒ほど炒める。香りが立ったら玉ねぎ、ターメリック、塩を加え、さらに1分ほど炒める。

3 水、赤レンズ豆を加える。

4 沸騰したら中火にして、ふたはせずに8〜10分煮る。

5 水気がなくなったらココナッツミルクを混ぜ合わせ、塩（分量外）で味をととのえて仕上げる。

カリー子'S memo

4の途中で水分が煮詰まってきたら、こげないように少しずつ水を足して調整する。逆に多すぎると水っぽいカレーになるので注意を。

パンジャビチョレ ［ひよこ豆のカレー］

ベジタリアンのたんぱく源として欠かせない豆のカレーです。色づけ、風味づけとして
紅茶で煮たひよこ豆のホクホクした食感が美味。カレーにとろみをつけたい場合は、
最後に豆を数粒つぶしてください。北インドのパンジャーブ地方が発祥です。

材料 (4人分)

ひよこ豆 ‥‥‥‥‥‥‥‥‥‥‥ 150g

紅茶のティーバッグ ‥‥‥‥‥‥ 1個

玉ねぎ (みじん切り) ‥‥‥‥‥‥ 1個

トマト (ざく切り) ‥‥‥‥‥‥‥ 1個

にんにく (みじん切り) ‥‥‥‥ 1かけ

しょうが (みじん切り) ‥‥‥‥ 1かけ

塩 ‥‥‥‥‥‥‥‥‥‥‥‥‥ 小さじ1

ギー＊ (バター15gでも可) ‥‥ 大さじ1

◉ はじめのスパイス

┌ カルダモン ‥‥‥‥‥‥‥‥ 5粒

│ クローブ ‥‥‥‥‥‥‥‥‥ 5粒

│ シナモン ‥‥‥‥‥‥‥‥‥ 5cm

└ ベイリーフ ‥‥‥‥‥‥‥‥ 2枚

◉ パウダースパイス

┌ コリアンダー ‥‥‥‥‥‥ 小さじ2

│ クミン ‥‥‥‥‥‥‥‥‥ 小さじ2

│ ターメリック ‥‥‥‥‥‥ 小さじ½

└ チリペッパー ‥‥‥‥‥‥ 小さじ½

カスリメティ ‥‥‥‥‥‥‥ ひとつまみ

＊作り方はp.92参照。

下準備

・ひよこ豆はよく洗い、8時間以上浸水させる。

【 ひよこ豆 】

スペイン語でガルバンゾ、英語ではチックピーと呼ばれる大粒の豆。ナッツのような風味のホクホクした食感。手軽に水煮缶 (400g) を利用してもよい。

―――― カリー子'S memo ――――

ティーバッグはチャイに使うアッサムを使うことが多いが、どんな茶葉でもOK。4の仕上げに大さじ1〜2のギー (またはバター) を加えると香りが立ち、しっとり仕上がる。とろみをつけたい場合は豆を10粒ほどつぶして混ぜるとよい。

作り方

スパイスを煮る p.13

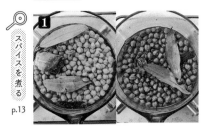
1

鍋にひよこ豆と水700mℓ (分量外)、はじめのスパイス、紅茶のティーバッグを入れ、ふたをして25分ほど煮る (圧力鍋があれば水500mℓで、9分加圧する)。

2

フライパンにギーを熱してにんにく、しょうが、玉ねぎを加え、**強火**で10分ほど炒める。玉ねぎが**こげ茶色**になったらトマトを加え、果肉をつぶすように**中火**で2分ほど炒めてペースト状にする。

3

パウダースパイスと塩を加え、**弱火**で1分ほど炒める。

4

1のティーバッグを取り除き、ひよこ豆を汁ごと加え、カスリメティも加える。ふたをして**弱火**で10分ほど煮る。塩 (分量外) で味をととのえて仕上げる。

パラクパニール［ほうれん草とチーズのカレー］

生クリームで濃厚に仕上げた、北インドの代表的なほうれん草とチーズのカレーです。
ほうれん草は加熱すると黒ずむので、さっと炒めるだけで彩りよく仕上げましょう。
最後に加えた手作りパニールをナンで包み込んでから、口に運びます。

材料 （4人分）

ほうれん草	1把（250g）
パニール ＊	1個（150g）
玉ねぎ（みじん切り）	1個
トマト（ざく切り）	½個
にんにく（みじん切り）	1かけ
しょうが（みじん切り）	1かけ
生クリーム	100mℓ
塩	小さじ1
サラダ油	大さじ1

◈ はじめのスパイス

カルダモン	5粒
クローブ	5粒
シナモン	3cm
クミンシード	小さじ½

◈ パウダースパイス

クミン	小さじ1
コリアンダー	小さじ1
チリペッパー	小さじ½
ターメリック	小さじ¼

＊作り方はp.93参照。長期保存できる冷凍品は入手できるが、風味と食感は手作りにかなわない。

下準備

・ほうれん草は根元を落とし、みじん切りにする。パニールは角切りにする。

作り方

1 フライパンに油とカルダモン、クローブ、シナモンを入れたら火をつけ、**強火**で熱する。**カルダモンがふくらんだら、**クミンシードを加える。**クミンが泡を立てて浮いてきたら、**にんにく、しょうが、玉ねぎを加え、10分ほど炒める。

2 玉ねぎが**こげ茶色**になったらトマトを加え、果肉をつぶすように**中火**で2分ほど炒めてペースト状にする。

3 パウダースパイスと塩を加え、**弱火**で1分ほど炒める。

4 ほうれん草を加え、1分ほど軽く炒める。

5 パニールと生クリームを加えて一煮立ちさせ、塩（分量外）で味をととのえて仕上げる。

カリー子'S memo

ほうれん草をみじん切りにすると家庭の味わい。レストラン仕様に仕上げるには、サグマトン（P.36）のようにほうれん草を少量の水とペースト状にするとよい。深い緑色が均一なカレーが完成する。パニールはフライパンで軽く焼いてこげめをつけると、表面が香ばしくなっておいしい。

北インド

カダイパニール ［ピーマンとチーズのカレー］

パウダーにしたシナモンとフェンネルの甘い香りが、
青々としたピーマンやパニールによく合います。ナンやチャパティで包んでどうぞ。

材料 （4人分）

ピーマン	2個
パニール *1	1個（150g）
玉ねぎ	1個
トマト（ざく切り）	1個
にんにく（みじん切り）	1かけ
しょうが（みじん切り）	1かけ
水	150㎖
塩	小さじ1
ギー *2（バター15gでも可）	大さじ1
◎ミックススパイス	

```
┌ A シナモン ………………… 3cm
│  ┌ チリホール …………………… 1本
│  │ コリアンダーシード ……… 小さじ2
│  │ クミンシード ……………… 小さじ1
│  └ フェンネルシード ……… 小さじ1/2
│  チリペッパー ……………… 小さじ1/2
└ ターメリック ……………… 小さじ1/2
  カスリメティ ……………… ひとつまみ
```

*1 作り方は p.93 参照。
*2 作り方は p.92 参照。

下準備

・玉ねぎは半分みじん切りに、半分ざく切りにする。ピーマンはざく切りにする。パニールは角切りにする。

作り方

スパイスを粉末にする
p.12

1 フライパンに**A**を入れて**弱火**で軽く炒り、粗熱を取ってミルで粉末にする。ほかのスパイスと混ぜ合わせ、ミックススパイスを作る。

2 フライパンにギーを熱してにんにく、しょうが、**みじん切りの玉ねぎ**を加える。**強火**で10分ほど炒める。

3 玉ねぎが**こげ茶色**になったらトマトを加え、果肉をつぶすように**中火**で2分ほど炒めて**ペースト状**にする。**1**と塩を加えて**弱火**で1分ほど炒める。

4 水とカスリメティを加えて沸騰させ、パニール、**ざく切りの玉ね**ぎ、ピーマンを加える。水気が飛ぶまでふたをせずに**中火**で加熱し、塩（分量外）で味をととのえて仕上げる。

第3章

魚介のカレー

日本ではあまりなじみがないかもしれませんが、
インドの海に近い地域や島国のスリランカでは魚介のカレーもよく食べます。
スパイスには魚の臭みをマスキングする効果があるので、
一尾魚、切り身、また水煮缶を使っても、どれもおいしく仕上がります。
煮込み時間が少ないので、短時間で気軽に作れるのが魅力です。

マドラスフィッシュカレー

［トマト & タマリンド風味の魚カレー］

南インドではさまざまな魚介類でカレーを作ります。甘酸っぱいタマリンドの風味と
仕上げのスパイスのテンパリング効果で、本格的なテイストに。
身のくずれにくいめかじきのほか、かれい、ぶり、いかなどでアレンジを。

材料 （4人分）

めかじき（切り身）…………………4切れ
玉ねぎ（みじん切り）………………1個
トマト（ざく切り）…………………1個
にんにく（みじん切り）……………1かけ
しょうが（みじん切り）……………1かけ
タマリンド＊ ……………………20g
水 ………………………………100㎖
塩 ………………………………小さじ1
サラダ油 ………………………大さじ1

◉ はじめのスパイス
　┌ カルダモン ……………………5粒
　└ クローブ ………………………5粒

◉ パウダースパイス
　┌ クミン …………………………小さじ1
　│ コリアンダー …………………小さじ1
　│ チリペッパー …………………小さじ½
　└ ターメリック …………………小さじ½

◉ 仕上げのスパイス
　┌ マスタードシード ……………小さじ½
　│ フェヌグリークシード…………小さじ¼
　└ カレーリーフ …………………10枚
サラダ油（テンパリング用）…… 大さじ1〜

＊ p.43参照。種なし梅干し20gまたはレモン
汁大さじ2＋砂糖小さじ2で代用可。

下準備

・めかじきの切り身にパウダースパイスと塩
　をまぶす。
・タマリンドをお湯100㎖（分量外）に15
　分ほど浸してもみほぐし、タマリンド水を
　作る。

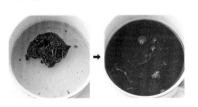

―――――― カリー子'S memo ――――――

カシューナッツレーズンライス（p.77）との相
性も抜群。テンパリングで生のカレーリーフを
使うときは水気を拭いておく。水気が残ってい
ると油がはねやすいので危険。

作り方

1

スパイスを油で熱する **S** p.10

フライパンに油とはじめのスパ
イスを入れたら火をつけ、**強
火で熱する**。**カルダモンがふく
らんだら**、にんにく、しょうが、
玉ねぎを加える。

2

玉ねぎが**こげ茶色**になるまで
強火で10分ほど炒める。

3

トマトを加え、果肉をつぶすよ
うに**中火で2分**ほど炒めて
ペースト状にする。

4

めかじきを加えて③をからめる
ように軽く炒め、水を加えて混
ぜ合わせる。

5

タマリンド水はスジや種を手で
受けて取り除きながら加える。
沸騰したら、ふたをして**弱火
で10分**ほど煮込む。塩（分量
外）で味をととのえて仕上げる。

6

スパイスを油で熱する **T** p.10

小さめのフライパンに油とマス
タードシードを入れたら火をつ
け、**強火で熱する**。マスタード
シードが**数粒はね始めたら**、ご
く**弱火**にしてフェヌグリークシー
ドを加える。

7

**フェヌグリークシードが茶色に
色づいたら**、火を止めてカレー
リーフを加える。すぐに油ごと
⑤のカレーに回しかける。

プロウンマカニ ［えびのクリームカレー］

ぷりっとしたえびを贅沢に使ったまったく辛みのないカレーです。
生クリームを使い、パプリカパウダーの甘い香りをきかせた濃厚な味わいは、
パンにもご飯にもよく合います。えびのほか、ほたてやシーフードミックスでもお試しください。

材料 （4人分）

えび ····················· 12〜16尾
玉ねぎ（みじん切り） ············· 1個
トマト（ざく切り） ··············· 1個
にんにく（みじん切り） ··········· 1かけ
しょうが（みじん切り） ··········· 1かけ
水 ······················ 150mℓ
生クリーム ················· 100mℓ
塩 ·····················小さじ1
ギー＊（バター15gでも可） ······ 大さじ1

◉ はじめのスパイス
　┌ カルダモン ··············· 5粒
　│ クローブ ················ 5粒
　└ シナモン ················ 5cm

◉ パウダースパイス
　┌ パプリカ ··············· 大さじ1
　│ クミン ················· 小さじ1
　│ コリアンダー ············· 小さじ1
　└ ターメリック ············· 小さじ½
カスリメティ ··············· ひとつまみ

＊作り方はp.92参照。

下準備

・えびは尾を残して殻をむき、背わたを取る。

作り方

スパイスを油で熱する S
p.10

1 フライパンにギーとはじめのスパイスを入れて火をつけ、**強火**で熱する。**カルダモン**がふくらんだら、にんにく、しょうが、玉ねぎを加え10分ほど炒める。

2 玉ねぎがこげ茶色になったらトマトを加え、果肉をつぶすように**中火で2分**ほど炒めて**ペースト状**にする。

3 パウダースパイスと塩を加え、**弱火で1分**ほど炒める。

4 水、カスリメティを加えて混ぜ合わせ、煮立ったらえびを加える。ふたをして**弱火**で3分ほど煮る。

5 えびの色が変わったら、仕上げに生クリームを加えて一煮立ちさせ、塩（分量外）で味をととのえて仕上げる。

カリー子'S memo

カレーに辛みをつけたいときは、チリペッパーやブラックペッパーを適量加える。パプリカパウダーは色をつけるスパイスとしておなじみだが、独特な甘い香りが特徴。パプリカの有無で、このカレーを作り比べてみると、パプリカの香りがよくわかる。

マラバールフィッシュカレー ［いわしのココナッツカレー］

南インドではポピュラーな、ココナッツミルクとタマリンドを組み合わせた魚カレー。
15分ほどと短時間で仕上がるわりに、スパイスの複雑な香りが楽しめ、
特に青魚好きにはたまりません。あじやさば、さんまでも同様に作れます。

材料 （4人分）

いわし	4〜5尾
しょうが（すりおろし）	1かけ
玉ねぎ（ざく切り）	¼個
青唐辛子	2本
タマリンド＊	20g
水	150㎖
ココナッツミルク	100㎖
塩	小さじ1
サラダ油	大さじ1

◎ パウダースパイス

クミン	小さじ1
コリアンダー	小さじ1
チリペッパー	小さじ½
ターメリック	小さじ½

◎ 仕上げのスパイス

マスタードシード	小さじ½
フェヌグリークシード	小さじ¼
カレーリーフ	10枚
サラダ油（テンパリング用）	大さじ1〜

＊ p.43参照。種なし梅干し20gまたはレモン汁大さじ2＋砂糖小さじ2で代用可。

下準備

・いわしは頭を落として内臓を取り、水洗いして3等分に切る。ペーパータオルで水気を拭き、パウダースパイスと塩をまぶす。

・タマリンドをお湯100㎖（分量外）に15分ほど浸してもみほぐし、タマリンド水を作る。

作り方

1 フライパンに油を熱し、しょうが、玉ねぎ、青唐辛子を加えて**中火**で1分ほど炒める。

2 水、ココナッツミルク、いわしを加える。タマリンド水はスジや種を手で受けて取り除きながら加え、沸騰したらふたをして**弱火**で10分ほど煮る。塩（分量外）で味をととのえて仕上げる。

スパイスを油で熱する **T** p.10

3 小さめのフライパンに油とマスタードシードを入れたら火をつけ、**強火**で熱する。マスタードシードが**数粒はね始めたら**、ごく**弱火**にしてフェヌグリークシードを加える。

4 **フェネグリークシードが茶色に色づいたら、火を止めてカレーリーフを加える。**すぐに油ごと②のカレーに回しかける。

カリー子'S memo

特に青魚は脂が酸化すると臭みが出るが、スパイス類は酸化を防ぐ抗酸化力が高い。魚にスパイスをあらかじめまぶしておくのがおすすめ。

東インド

ベンガルフィッシュカレー

［サーモンとじゃがいものカレー］

サーモンとじゃがいもは相性よしの組み合わせ。マスタードオイル、マスタードシードを使った
ほどよい酸味が特徴のカレーは、ご飯とよく混ぜて食べるのがおすすめです。
ボリュームたっぷりで、満足度も高め。

材料 （4人分）

生ざけ（銀ざけやサーモンなど）………4切れ
じゃがいも ………………………… 3個（300g）
玉ねぎ（薄切り）……………………… ¼個
トマト（ざく切り）…………………… ½個
にんにく（みじん切り）……………… 1かけ
しょうが（みじん切り）……………… 1かけ
水 …………………………………… 300mℓ
塩 …………………………………… 小さじ1
マスタードオイル＊（サラダ油でも可）
………………………………………… 大さじ1

◈ はじめのスパイス
　┌ マスタードシード…………… 小さじ½
　│ クミンシード ………………… 小さじ½
　└ ベイリーフ …………………… 3枚

◈ パウダースパイス
　┌ マスタードシード…………… 小さじ2
　│ コリアンダー ………………… 小さじ2
　│ ターメリック ………………… 小さじ½
　└ チリペッパー ………………… 小さじ½

＊マスタードの種子から作られる風味のよいオイル。

下準備

・さけは2〜3等分に切り、じゃがいもは一口大に切る。
・パウダースパイスのマスタードシードはミルにかけて粉末にし、ほかのパウダースパイスと混ぜる。

作り方

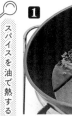

スパイスを油で熱する s p.10

1 フライパンにマスタードオイルとマスタードシードを入れたら火をつけ、**強火**で熱する。**マスタードシードが8割がたはねたら**、クミンシードを加える。

2 **クミンシードが泡を立てて浮いてきたらベイリーフを加える**。続いてにんにく、しょうが、玉ねぎを加え、**強火**にして3分ほど炒める。

3 玉ねぎがあめ色になったらトマトを加え、果肉をつぶすように**中火**で2分ほど炒めて**ペースト状**にする。

4 パウダースパイスと塩を加え、**弱火**で1分ほど炒める。

5 さけを加え、途中で裏返して両面を軽く炒める。

6 水とじゃがいもを加えて混ぜ合わせ、沸騰したらふたをして**弱火**で15分ほど煮る。塩（分量外）で味をととのえて仕上げる。

─── カリー子'S memo ───
このカレーは香りが立っている作りたてはもちろんのこと、さけとじゃがいもからうまみが出てきた翌日もおいしい。

スリランカンフィッシュカレー ［さばのココナッツカレー］

さば缶を缶汁ごと使った、うまみたっぷりの時短カレー。
ココナッツミルクの甘い香りとまろやかさで、さばのクセも気になりません。

材料 （4人分）

さば（水煮缶）	2缶（380g）
玉ねぎ（薄切り）	¼個
にんにく	1かけ
しょうが	1かけ
水	150㎖
ココナッツミルク	100㎖
塩	小さじ¼
サラダ油	大さじ1

◈ はじめのスパイス

ランペ	3cm（乾燥なら10切れ）
カルダモン	3粒
クローブ	3粒
カレーリーフ	10枚

◈ パウダースパイス

ターメリック	小さじ½
ツナパハ＊	1回分

＊作り方はp.23参照。

作り方

スパイスをつぶす
p.12

1 にんにく、しょうが、カレーリーフ以外のはじめのスパイスをマサラつぶし（すり鉢でもOK）に入れて粗くつぶす。フライパンに油を入れてつぶしたスパイスとカレーリーフを加え、**中火**で30秒ほど熱する。

2 玉ねぎを加えて1分ほど炒め、パウダースパイスと塩を加え、**弱火**で1分ほど炒める。

3 さばを缶汁ごと入れ、水を加えてふたをし、**弱火**で8分ほど煮る。ココナッツミルクを加え、塩（分量外）で味をととのえて仕上げる。

第4章

米・小麦料理とスパイスおかず

カレーのお供といえば、ご飯とパン。

南インドではご飯、北インドではチャパティやナンが主食です。

バスマティライスやレモンライスに、フライパンで作るチャパティやナン、

そして日本でも人気上昇中の、スパイスのきいた炊き込みご飯のビリヤニ。

おかずやおつまみとしても喜ばれるスパイスおかずも紹介しています。

米料理と小麦料理

バスマティライス

レモンライス

ジーラライス

「湯とり法」で炊く
バスマティライス

インドではパスタのようにたっぷりの湯で
米をゆで、湯をきって蒸らす「湯とり法」と呼ばれる
調理法が一般的です。日本米の1.2倍の
水加減にすると、炊飯器でも炊けます。

材料 （4〜6人分）

バスマティ米 ……………………………… 2合

作り方

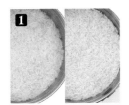

米はやさしく洗い、30分ほど浸水させてざるに上げる。

鍋にたっぷりの湯を沸かし、①の米を入れる。

ふたをせず、沸騰してきたら弱〜中火にして静かに7分ゆでる。

米の芯がなくなり、指でつぶせるくらいのやわらかさになったら、ざるに上げて湯をきる。まだ芯が残っていたらさらに1〜2分ゆでる。

④をざるごと鍋にもどし、ふたをして米が立ってパラパラしてくるまで10分以上蒸らす。

【 バスマティ米 】
インディカ米の一種の細長い長粒米。炊き上がりはパラリと軽やかな食感。インドやパキスタンが主産地。

レモンライス

ターメリックで黄色く色づけた
ご飯にレモンの酸味が食欲を
そそります。どんなカレーとも
相性よしですが、特にラッサムなどの
トマト系のカレーに合います。

材料 （2〜3人分）

炊いたバスマティライス* …… 1合分
ピーナッツ ……………………… 10粒
カレーリーフ …………………… 10枚
チリホール ……………………… 2本
マスタードシード ………… 小さじ1
ターメリック …………………… 小さじ¼
ヒング ……………………… 小さじ⅛
塩 ………………………………… 小さじ½
レモン汁 ………………………… 大さじ1
サラダ油 ………………………… 大さじ1

＊炊いた日本米でもよい。

ジーラライス

口の中でクミンシードが
プチッと弾けるさわやかご飯。
濃厚な肉系カレーと相性抜群。
香菜を混ぜると緑が鮮やか。

材料 （2〜3人分）

炊いたバスマティライス* … 1合分
クミンシード …………………… 小さじ1
塩 ………………………………… 小さじ½
サラダ油 ………………………… 大さじ1
香菜（みじん切り）…… 1株（好みで）

＊炊いた日本米でもよい。

作り方

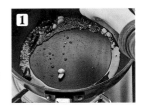

フライパンに油とマスタードシードを入れたら火をつけ、強火で熱する。マスタードシードが8割がたはねたら、ごく弱火にして、ピーナッツ、チリホール、カレーリーフ、ヒング、ターメリックの順に加える。

炊いたバスマティライスを加えて炒め、油となじんだら塩、レモン汁を加えてさっと炒め合わせる。

作り方

フライパンに油とクミンシードを入れたら火をつけ、強火で熱する。クミンシードが泡を立てて全体的に浮いてきたら炊いたバスマティライスと塩を加える。

へらで全体を炒め合わせる。

ビリヤニ 2 種

日本でも人気のビリヤニ。バスマティ米を肉と合わせ、
スパイスをふんだんに使った炊き込みご飯です。
インドではお祝いの席に欠かせないハレの日のごちそう。
ここでは難易度別に 2 つのスタイルをご紹介します。

きゅうりのライタ（作り方 p.76）

① チェティナード・ビリヤニ

南インドのチェティナード風のチキンビリヤニは、
火を通した肉の上に米をのせて炊くスタイル。
米に肉の味がよくしみているので、
ビリヤニ初心者でもそのおいしさを存分に味わえます。
ライタを添えて、ご飯に混ぜながら食べましょう。

材料 （4〜6人分）

バスマティ米	2合
鶏もも肉	400g

下味

ヨーグルト（無糖）	50g
トマト（ざく切り）	½個
フライドオニオン *1	1回分（目安50g）
にんにく、しょうが（ともにすりおろし）	各1かけ
青唐辛子	2本
塩	小さじ1
クミン、コリアンダー	各小さじ1
チリペッパー、ブラックペッパー、ターメリック	各小さじ½

◈ **ホールスパイス**

カルダモン	5粒
クローブ	5粒
シナモン	5cm
スターアニス	1粒
ベイリーフ	2枚
クミンシード	小さじ1
塩	小さじ1
ギー *2（バター45gでも可）	大さじ3

*1 作り方はp.93参照。市販品なら30g使用。
*2 作り方はp.92参照。

下準備

・バスマティ米はやさしく洗って、30分以上浸水させる。
・鶏肉は一口大に切る。

作り方

1 ポリ袋に鶏肉と下味のすべての材料を入れ、鶏肉によくもみ込んで最低1時間以上漬ける。

2 鍋にギーとホールスパイスを入れて、強火で熱する。

3 カルダモンがふくらんだら、①を加えて中火で2分ほど炒める。焦げないように底からかき混ぜる。

4 ざるに上げて水気をきったバスマティ米と熱湯300㎖（分量外）、塩を加える。

5 ふたをして密封し、弱火で20分ほど加熱する。火を止め、さらに20分ほど蒸らす。

6 鍋底から返すように全体をさっくりと混ぜる。

② ハイデラバディー・ビリヤニ

南インド、ハイデラバード式のビリヤニは生の肉＋半炊きの米を蒸すスタイルの
ビリヤニの原点とも言えるごちそう料理です。米が層状になるため、白や黄色の色のグラデーションができます。
少し手間はかかりますが、その分味わいはプロ仕様。休日にぜひお試しください。

材料 （4～6人分）

バスマティ米	2合
鶏手羽元	400g

下味

ヨーグルト（無糖）	60g
にんにく、しょうが（ともにすりおろし）	各1かけ
青唐辛子	2本
塩	小さじ1
クミン、コリアンダー	各小さじ1
チリペッパー、ブラックペッパー、ターメリック	各小さじ½

塩	小さじ2
サラダ油	大さじ1

◈ **ホールスパイス**

カルダモン	5粒
クローブ	5粒
シナモン	5cm
ブラウンカルダモン	2粒
スターアニス	2粒
ベイリーフ	2枚
クミンシード	小さじ1
ブラックペッパーホール	小さじ½

サフラン	ひとつまみ
フライドオニオン *1	1回分（目安50g）
香菜（みじん切り）	1株
ローズウォーター	大さじ2
ギー *2（バター30gでも可）	大さじ2

*1 作り方はp.93参照。市販品なら30g使用。
*2 作り方はp.92参照。

【 サフラン 】
クロッカスの雌しべを摘んで乾燥させた
もの。湯に溶いて、鮮やかな黄色の
色づけに使われる。パエリアなどに。

【 ローズウォーター 】
水にばらの花びらを入れて熱し、その
水を冷ますと、「オイル」と「液体」へ
分離する。その「液体」部分。

下準備

・バスマティ米はやさしく洗って、30分以上浸水させ、ざるに上げる。
・サフランは大さじ2の湯に10分ほどつけて色出しする。

作り方

1

ポリ袋に鶏肉と下味のすべ
ての材料を入れ、鶏肉によ
くもみ込んで最低1時間以
上漬ける。

2

鍋に1.5ℓの水（分量外）を
沸騰させ、塩とサラダ油、ホー
ルスパイスを加える。バスマ
ティ米を加えて再び沸騰した
ら、米が踊る程度の弱火で
5分ほどゆでる。米に70%く
らいまで火が通った状態で
ホールスパイスごとざるに上げ
て、湯をきる。

3

別の鍋に1の鶏肉を入れ、
上にフライドオニオンの⅓量、
香菜の⅓量を散らし、2の
バスマティ米の半量をのせる。

4

3の上にフライドオニオンの
⅓量、香菜の⅓量を散らし、
ギー大さじ1、ローズウォー
ター大さじ1を回しかける。

残り半量のバスマティ米を
のせる。

5の上に残りのフライドオニ
オン、香菜を散らし、ギー大
さじ1、ローズウォーター大さ
じ1を回しかける。

最後にサフラン水を回しか
ける。

蒸気がもれないようにふきん
をかませたふたをし、ごく弱
火で40分ほど加熱する。
火を止め、20分ほど蒸らす。

白や黄色のグラデーション
をこわさないようにさっくりと
混ぜる。

鍋の中をのぞいてみると

ビリヤニが炊き上がっていく様子を
断面写真で追ってみました。

0分後
8の段階で鍋のふたを閉じ
た直後。まだ米には70%程
度しか火が通っていないた
め、米同士がばらばらで固
めの状態。

20分後
肉からでた蒸気で米の外側
がやわらかくなり、米がふく
らんで密接になる。べっちゃ
り、水分多めの状態。

40分後
加熱終了直後。蒸気が全体
に回り、余分な水分が吸収
され、米同士に間隔が出て
くる。しっとりの状態。この
後20分の蒸らしでぱらぱら
に仕上がる。蓋を開けた時
に米が立っていればOK。

きゅうりのライタ

ビリヤニに欠かせないヨーグルトサラダ。
食べる直前まで冷やしておくと美味。

材料 （4人分）

きゅうり……………………………… ¼本
ミニトマト …………………………… 2個
香菜（みじん切り）………………… 1株
ヨーグルト（無糖）………………… 100g
塩、クミンパウダー ………… 各ひとつまみ

作り方

ヨーグルトに塩、クミンパウダーを混ぜ合わせ、5
mm角に切ったきゅうり、ミニトマト、香菜を混ぜる。

カシューナッツレーズンライス

インドではカシューナッツやレーズンは、もてなし食材。
炊飯器に入れてあとはおまかせの簡単な炊き込みご飯です。

材料 （4人分）

日本米……………………………………2合
カシューナッツ…………………………20粒
レーズン…………………………………20粒
ベイリーフ………………………………2枚
ターメリック……………………………小さじ¼
塩…………………………………………小さじ½
ギー＊（バター15gでも可）………… 大さじ1

＊作り方はp.92参照。

作り方

1 米は洗って炊飯器に移し、2合の目盛に水加減して30分ほどおく。

2 ほかの材料をすべて加え、ひと混ぜして普通に炊く。炊き上がったら全体をさっくりと混ぜる。

チャパティ

北インドの主食の全粒粉で作る無発酵パン。毎日食べても飽きがこない素朴な味わいで、
焼きたてが最高においしいです。生地の厚みを均一にのばすと、きれいにふくらみます。

材料 （8枚分）

アタ粉 ……………………… 200g
水 …………………………… 150㎖
塩 …………………………… 小さじ¼
サラダ油 …………………… 大さじ1

【 アタ粉 】

インドのパンを作るための小麦全粒粉。日本の全粒粉と比べると、かなりひきが細かい。

—— カリー子'S memo ——

②でねかせた後にラップで包み、冷蔵庫に入れると1日保存できる。⑤の後にチャパティをトングではさみ、直火でさっとあぶってもよい。

作り方

1 ボウルにアタ粉と塩、サラダ油を入れて混ぜ、水を少しずつ加えながらこねる。こぶしや手のひらのつけ根で押しながら全体がなめらかになるまでこねる。

2 生地がまとまったら濡れぶきんをかけて30分ほどねかせる。

3 ②を8等分に分けて丸める。打ち粉（分量外）をした台で、直径15〜20㎝の円形にめん棒でのばす。

4 熱したフライパンに③を1枚ずつのせ、弱火で1分ほど焼く。薄い焼き色がついたら裏返して1分ほど焼く。

5 濡らしたペーパータオルで、気泡の部分を押さえるとふくらんでくる。生地が均一にのばせていないとふくらまない。お好みで表面に軽くギー（分量外）を塗り、焼けた順に重ねてラップをかけて乾燥を防ぐ。

ナン

ナンはインドでは外食メニューの一つです。レストランなどではタンドールという高温釜で焼きます。
ナンだけでも十分おいしいように塩をきかせ、中華鍋でふっくらモチモチの仕上がりを再現してみました。

材料 （4枚分）

強力粉······250g
水······150mℓ
塩······5g
砂糖······5g
インスタントドライイースト······3g
ギー＊（バター15gでも可）······15g
サラダ油······大さじ1

＊作り方はp.92参照。

カリー子'S memo

IHやフッ素樹脂加工のフライパンを使用する場合は有毒ガスが発生するので、直火は厳禁。その場合、③で生地を裏返し、ふたををして弱火で3分ほど加熱するとよい。日本ではしずく形のナンがおなじみだが、現地では丸い形が一般的。ナンは鉄製の中華鍋やフライパンで焼くのがベスト。

作り方

1 ボウルに強力粉、塩、砂糖、ドライイーストを入れ、よく混ぜ合わせる。水を少しずつ加えながら5分ほどこね、生地がまとまってきたらギーとサラダ油を加えて生地が均一になるまでこねる。

2 生地を丸め、濡れぶきんをかけて夏は30分、冬は1時間ほど室温で発酵させる。2倍ほどの大きさにふくらんだらOK。オーブンの発酵機能を使ってもよい。

3 ②の生地を4等分して丸め、打ち粉（分量外）をした台で分厚い円形にのばし、両手で広げてしずく形にのばす。

4 中華鍋を強火で予熱する。③の生地の片面に手で水を軽くつけ、その面を下にして鍋にはりつける。ふたをして弱火で2分ほど加熱する。

5 鍋ごとひっくり返して、直火で生地の表面を1分ほどあぶる。

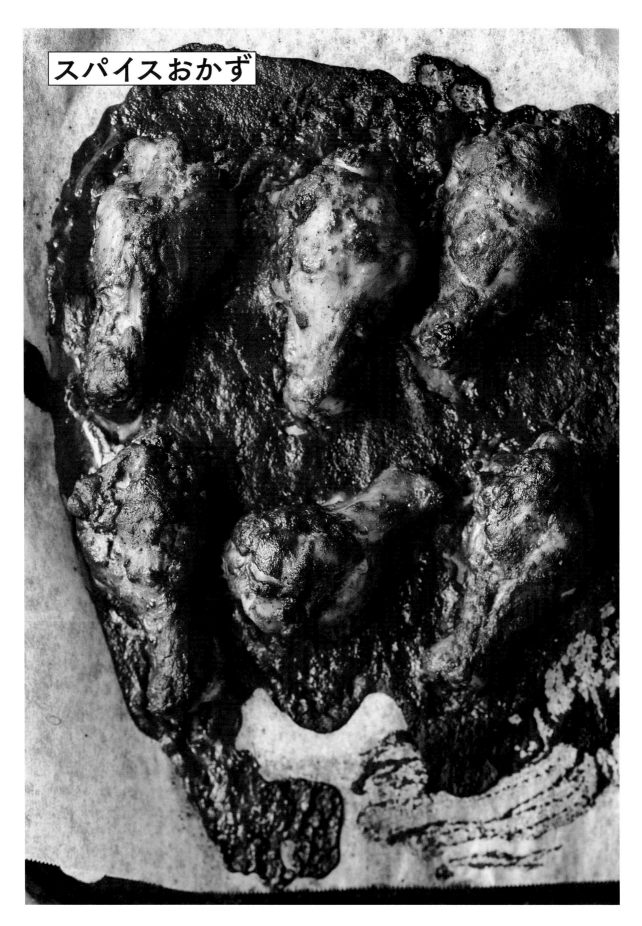

スパイスおかず

タンドリーチキン［鶏肉のスパイシーグリル］

鶏肉を串に刺して、高温のタンドリー釜で焼くのが本場流。
スパイスが複雑にからみあった下味で漬けると、家庭のオーブンでもぐっと現地の味に近づきます。
こんがり焼けた漬け汁は、焼き野菜やパンにつけて食べたいほど。

材料 （4人分）

鶏手羽元 ……………………………… 500g
下味
- ヨーグルト（無糖）………………… 60g
- マスタードオイル*（サラダ油でも可）
  ………………………………… 大さじ1
- にんにく、しょうが（ともにすりおろし）
  ………………………………… 各小さじ1
- 塩 ………………………………… 小さじ1
- ◎ミックススパイス
  - **A** カルダモン ……………… 1粒
  - クローブ ……………… 1粒
  - シナモン ……………… 1cm
  - パプリカパウダー ……… 大さじ1
  - クミン ……………………… 小さじ1
  - ターメリック ……………… 小さじ½
  - チリペッパー ……………… 小さじ½
  - ブラックペッパー……… 小さじ½

*p.38参照。

作り方

1. **A**はミルにかけて粉末にし、ほかの
   スパイスと混ぜ合わせてミックスス
   パイスを作る。

2. ポリ袋に鶏肉と下味のすべての材料
   を入れ、鶏肉によくもみ込んで最低1
   時間から一晩漬ける。

3. オーブンの天板にオーブンシートを敷
   き、②の鶏肉を並べる。250℃に予
   熱したオーブンに入れ、焼き色がつく
   まで25分ほど焼く。

カリー子'S memo

漬けて2時間以内に焼く場合は常温で、
それ以上は冷蔵庫で漬ける。下味をつ
けた鶏肉はポリ袋に入れたまま冷凍保
存もできる。自然解凍して焼くとよい。あ
ればマスタードオイルもぜひ。スパイスと
の相性がよく、カレーやスパイス料理に
使うと一気に現地風になる。

ラムロースト ［羊肉のスパイシーグリル］

ラム肉を下味のヨーグルトやスパイスで漬けることで、風味豊かに。
骨つきで食べ応え満点。もてなしの一皿としてもおすすめです。

材料 （4人分）

骨つきラム肉……………………500g
下味

┌ ヨーグルト（無糖）……………50g
│ ギー＊（バター15gでも可）… 大さじ1
│ レモン汁………………………大さじ1
│ にんにく、しょうが（ともにすりおろし）
│ …………………………………各小さじ1
│ 砂糖………………………………小さじ1
└ 塩…………………………………小さじ1

◉ ミックススパイス

┌ Aクローブ ……………………2粒
│ ┌ シナモン ……………………1cm
│ └ フェンネルシード …… 小さじ½
│ クミン ……………………… 小さじ2
│ ターメリック、チリペッパー、
└ ブラックペッパー …… 各小さじ½

＊作り方はp.92参照。

作り方

1 Aはミルにかけて粉末にし、ほかの
スパイスと混ぜ合わせ、ミックススパ
イスを作る。

2 ポリ袋にラム肉と下味のすべての材料
を入れ、肉によくもみ込んで1時間か
ら一晩漬ける。

3 オーブンの天板にオーブンシートを敷
き、②のラム肉を並べる。250℃に予
熱したオーブンに入れ、焼き色がつく
まで30分ほど焼く。

─── カリー子'S memo ───

骨つきマトン、鶏肉、スペアリブで作ってもお
いしい。下味をつけたラム肉はポリ袋に入れ
たまま冷凍保存もできる。自然解凍して焼くと
よい。

オイスターマサラ ［かきのスパイス炒め］

かきにスパイスをまぶして炒めるだけで、新鮮なおいしさに。
複雑にからんだスパイスの香りと、プリッとした食感にもう1つと、手が伸びます。

材料 （4人分）

かき	12個（300g）
にんにく（薄切り）	1かけ
◆ミックススパイス	
A シナモン	1cm
└ フェンネルシード	小さじ¼
コリアンダー、クミン	各小さじ1
ターメリック	小さじ½
チリペッパー、ブラックペッパー	
	各小さじ¼
塩	小さじ½
薄力粉	大さじ2
ギー＊（バター15gでも可）	大さじ1
レモン汁	適量

＊作り方はp.92参照。

作り方

1 **A**はミルにかけて粉末にし、ほかのスパイス、塩を混ぜ合わせて、ミックススパイスを作る。

2 かきは水洗いし、ペーパータオルで水気を拭き取る。①のスパイスをまぶす。

3 ②に薄力粉をまぶして余分な粉は落とす。

4 フライパンにギーを熱してにんにくを香りが立つまで中火で炒め、③を加えて6分ほど炒める。仕上げにレモン汁を回しかける。

アチャール

アチャールとは、インドのピクルスのようなオイル酢漬けのこと。
スリランカではモージュと言います。
にんじん、きゅうり、キャベツ、
ししとうなどでアレンジできます。
カレーに添えても、
また、お酒のおつまみとしても。

大根のアチャール

フィッシュアチャール

なすのモージュ

───── カリー子'S memo ─────

冷蔵庫で野菜なら1週間、魚
なら5日ほど保存可能。2日目
から酸味がやわらいでおいしく
なる。マスタードオイルで作る
と本場の味に。

大根のアチャール ［大根のオイル酢漬け］

大根の酸味とうまみが食欲をそそります。カレーに添えて。

材料 （4人分）

大根	200g
にんにく、しょうが（ともにすりおろし）	各1かけ
青唐辛子	1本
酢	50mℓ
塩	小さじ1
砂糖	小さじ1
マスタードオイル（サラダ油でも可）	大さじ1

◆ はじめのスパイス
- マスタードシード ……… 小さじ½
- クミンシード ………… 小さじ1
- ヒング ……………… 小さじ⅛

◆ パウダースパイス
- ターメリック、チリペッパー、クミン ……… 各小さじ½

作り方

1. 大根は皮をむき、1cm角に切る。

2. フライパンにマスタードオイルとマスタードシードを入れたら火をつけ、**強火**で熱する。**マスタードシードが8割がたはねたら、ごく弱火**にしてクミンシードを加える。**クミンシードが泡を立てて浮いてきたら**、ヒング、にんにく、しょうが、青唐辛子の順に加えて軽く混ぜ合わせる。

3. 大根と塩、パウダースパイスを加えて1分ほど炒める。続いて酢、砂糖を加えて3分ほど沸騰させる。粗熱を取って、冷蔵庫で冷やす。

なすのモージュ ［揚げなすのあえもの］

カレーやご飯に混ぜると甘酸っぱい味がよく合います。

材料 （4人分）

なす	3本（200g）
赤ワインビネガー（酢でも可）	50mℓ
塩	小さじ1
砂糖	大さじ1
マスタードオイル（サラダ油でも可）	大さじ1
揚げ油	適量

A にんにく、しょうが …… 各1かけ
- カルダモン ……………… 2粒
- チリホール ……………… 2本
- ランペ …… 3cm（乾燥なら10切れ）

◆ はじめのスパイス
- マスタードシード ……… 小さじ½
- カレーリーフ …………… 10枚

◆ パウダースパイス
- ターメリック ………… 小さじ½

作り方

1. なすは3cm長さの拍子切りにする。揚げ油を180℃に熱し、なすを加えてしっかり揚げる。ペーパータオルで余分な油を拭く。

2. Aをマサラつぶし（すり鉢でもOK）に入れて粗くつぶす。

3. フライパンにマスタードオイルとマスタードシードを入れたら火をつけ、**強火**で熱する。**マスタードシードが8割がたはねたら、ごく弱火**にして②とカレーリーフを加えて10秒ほど炒める。続いて赤ワインビネガー、砂糖、塩、ターメリックを加えて、3分ほど沸騰させる。

4. ①のなすを加えて混ぜながら全体になじませる。粗熱を取って、冷蔵庫で冷やす。

フィッシュアチャール ［魚のオイル酢漬け］

海に近い南インドでは魚でもアチャールを。いわしやさけでもOK。

材料 （4人分）

本まぐろの血合い	250g
にんにく、しょうが（ともにすりおろし）	各1かけ
酢、水	各50mℓ
砂糖	小さじ1
マスタードオイル（サラダ油でも可）	大さじ1

A 塩 ……………………… 小さじ½
- ターメリック …………… 小さじ½
- チリペッパー …………… 小さじ¼

◆ はじめのスパイス
- マスタードシード ……… 小さじ½
- フェヌグリークシード … 小さじ¼
- ヒング ………………… 小さじ⅛
- カレーリーフ …………… 10枚

作り方

1. まぐろは水洗いして血を落とし、ペーパータオルでよく水気を拭き取る。Aをまぶす。

2. フライパンにマスタードオイルとマスタードシードを入れたら火をつけ、**強火**で熱する。**マスタードシードが数粒はね始めたら、ごく弱火**にしてフェヌグリークシードを加える。さらに**マスタードシードが8割がたはねたら**、カレーリーフ、ヒング、にんにく、しょうが、①を順に加える。

3. まぐろの表面の色が変わるまで炒め、酢、水、砂糖を加えて、中火で5分ほど煮る。粗熱を取って、冷蔵庫で冷やす。

ポリヤル

野菜の炒めものは南インドではポリヤルと呼ばれます。スパイスの香りを移した油で、
野菜を炒めるのがコツ。仕上げにココナッツをまぶすことが多く、
ほぼどんな野菜もポリヤルの材料になります。

さやいんげんの
ポリヤル

じゃがいものポリヤル

キャベツのポリヤル

さやいんげんのポリヤル

いんげんにココナッツの甘みがおいしい。カレーに混ぜて食べても。

材料 （4人分）

さやいんげん ……………………… 30本（250g）
◎ はじめのスパイス
 ┌ マスタードシード ……………… 小さじ½
 └ クミンシード …………………… 小さじ½
◎ パウダースパイス
 └ ターメリック、チリペッパー …… 各小さじ¼
ココナッツファイン ……………………… 大さじ3
塩 ……………………………………… 小さじ½〜
サラダ油 …………………………………… 大さじ1

作り方

1 さやいんげんは小口切りにする。

2 フライパンに油とマスタードシードを入れたら火をつけ、**強火で熱する。マスタードシードが8割がたはねたら、ごく弱火に**してクミンシードを加える。

3 **クミンシードが泡を立てて浮いてきたら**パウダースパイス、1 を加えて軽く炒める。ココナッツファインを加えて混ぜ、塩で味をととのえる。

じゃがいものポリヤル

じゃがいもをクミンシードの香りを移した油で炒めます。

材料 （4人分）

じゃがいも ………………………… 3個（300g）
◎ はじめのスパイス
 ┌ クミンシード …………………… 小さじ½
 └ カレーリーフ …………………… 10枚
◎ パウダースパイス
 ┌ ヒング …………………………… 小さじ⅛
 └ ターメリック、チリペッパー …… 各小さじ¼
塩 ……………………………………… 小さじ½〜
サラダ油 …………………………………… 大さじ1

作り方

1 じゃがいもは1cm角に切る。

2 フライパンに油とクミンシードを入れたら火をつけ、**強火で熱する。クミンシードが泡を立てて全体に浮いてきたら**カレーリーフ、パウダースパイスと1 を加え、3分ほど炒める。塩で味をととのえる。

キャベツのポリヤル

キャベツをマスタードシードの香りの油で炒めた家庭の味。

材料 （4人分）

キャベツ ……………… ⅙個（250g）
にんにく、しょうが（ともにみじん切り）
 ………………………… 各1かけ
◎ はじめのスパイス
 ┌ マスタードシード …… 小さじ½
 ├ フェヌグリークシード … 小さじ¼
 └ チリホール …………… 2本
◎ パウダースパイス
 ┌ ターメリック、チリペッパー
 └ ………………… 各小さじ¼
ココナッツファイン ……… 大さじ3
塩 ……………………… 小さじ½〜
サラダ油 ………………… 大さじ1

作り方

1 キャベツはざく切りにする。

2 フライパンに油とマスタードシードを入れたら火をつけ、**強火で熱する。マスタードシードが数粒はね始めたら、ごく弱火**にしてフェヌグリークシードを加える。**マスタードシードが8割がたはねたら**チリホールを加える。

3 にんにく、しょうがを加えて香りが立つまで炒める。パウダースパイス、1 を加えてよく混ぜ合わせ、ふたをして5分ほど弱火で蒸し煮にする。ココナッツファインを加えて混ぜ、塩で味をととのえる。

サラダ

スパイスが香るとのサラダも作りたてがベスト。
野菜のフレッシュ感を生かしてそのままでも、
カレーと混ぜて食べてもおいしいです。

水菜のサンボル

カチュンバル

ボンベイキャロットサラダ

水菜のサンボル ［スリランカ風ココナッツサラダ］

スリランカではサラダにココナッツを混ぜるのが特徴的。

材料 （4人分）

水菜 ·································· 1株（80g）
A 玉ねぎ ······························· ⅛個
　 にんにく ··························· 1かけ
　 チリホール ·························· 1本
　 モルディブフィッシュ＊ ·········· 小さじ½
B ココナッツファイン ············ 大さじ5
　 レモン汁 ··························· 小さじ1
　 塩 ··································· 小さじ¼
　 ブラックペッパー ··············· 小さじ⅛

＊ p.53参照。

作り方

1 水菜は根元を切って、みじん切りにする。

2 **A**の材料をマサラつぶし（すり鉢でもOK）に入れて粗くつぶす。

3 ボウルに①と②を入れ、**B**を加えてよくもむように合わせる。

カチュンバル ［ひよこ豆と野菜のサラダ］

彩りもきれいなさっぱりサラダ。ミニトマトやチーズなどをプラスしても。

材料 （4人分）

ひよこ豆（水煮缶） ················ 140g
きゅうり ······························ ½本
パプリカ ······························ ½個
玉ねぎ ································· ⅛個
香菜（みじん切り） ·················· 1株
A レモン汁、サラダ油 ·········· 各小さじ1
　 クミンパウダー ··················· 小さじ½
　 塩 ··································· 小さじ¼

作り方

1 パプリカはへたと種を除き、きゅうり、玉ねぎとともに1cm角に切る。ひよこ豆は汁気をきる。すべてボウルに入れて香菜を混ぜる。

2 ①に**A**を加えて混ぜ合わせる。

ボンベイキャロットサラダ ［にんじんとカシューナッツのサラダ］

クミンの香りをきかせた、甘めのにんじんの細切りサラダ。砂糖は、はちみつにしても。

材料 （4人分）

にんじん ······························ 1本
カシューナッツ ······················ 10粒
クミンシード ······················· 小さじ1
A オリーブ油、レモン汁 ········ 各小さじ1
　 砂糖 ································· 小さじ1
塩 ····································· 小さじ¼

作り方

1 にんじんはせん切りにし、塩をふって軽く手でもむ。そのまましばらくおいてしんなりさせる。

2 フライパンにクミンシードとカシューナッツを入れ、弱火で炒る。クミンシードの香りが立ってきたら火を止め、粗熱を取る。

3 ボウルに①の水気を絞って入れ、②と**A**を加えてよく混ぜ合わせる。

ティータイムのドリンク

スパイスをきかせたチャイや、カレーの辛さを抑える
ヨーグルトドリンクなど、のども体も潤すドリンクです。

マサラチャイ　［スパイシーミルクティー］

ホールスパイスをいっしょに煮出すことで、
深い香りのお店のような本格的なチャイが簡単に。

材料 （4人分）

紅茶（CTC、アッサム）	大さじ2
水	300㎖
牛乳	300㎖
A カルダモン	3粒
クローブ	3粒
シナモンスティック	3㎝
ベイリーフ	1枚
しょうが（薄切り）	1枚
砂糖	好みの量

作り方

1 鍋に紅茶、水、**A**を入れ、火にかける。沸騰したら弱火で5分ほど煮出す。

2 茶葉とスパイスを取り除き、牛乳を加えて沸騰直前で火を止める。カップに注ぎ、砂糖を好みで加える。

ジンジャーペッパーチャイ

ペッパーとしょうがをきかせた、ピリ辛のマサラチャイ。
仕上げにブラックペッパーパウダーをふっても。

材料 （4人分）

紅茶（CTC、アッサム）	大さじ2
水	300㎖
牛乳	300㎖
A カルダモン	2粒
クローブ	2粒
スターアニス	1粒
フェンネルシード	小さじ½
ブラックペッパーホール	小さじ¼
しょうが（薄切り）	3枚
砂糖	好みの量

作り方　マサラチャイと同様に作る。

バナナラッシー

ラッシーはヨーグルトドリンクのこと。
バナナのほか、マンゴーやいちごでアレンジしても。

材料 （4人分）

バナナ	1本
プレーンヨーグルト	200g
牛乳	200㎖
砂糖	大さじ2

作り方

1. ミキサーにバナナと砂糖を入れてペースト状にする。
2. 1とヨーグルト、牛乳を混ぜ合わせ、グラスに注ぐ。

—— カリー子'S memo ——
バナナは時間をおくと黒ずむので、すぐに飲まないときは1でレモン汁小さじ1を加えるとよい。

ハルディー・カ・ドゥード
［ホットターメリックミルク］

健康維持や美肌にもよい、インドの伝統的ドリンク。
ターメリックがポイントで少量飲むのがおすすめ。

材料 （4人分）

牛乳	400㎖
カルダモン	2粒
クローブ	2粒
ターメリック	小さじ¼
ブラックペッパーパウダー	小さじ⅛
砂糖（好みで）	大さじ1

作り方

鍋にすべての材料を入れて火にかけ、鍋肌からふつふつと沸いてきたら、ごく弱火で2〜3分煮る。カップに注ぐ。

—— カリー子'S memo ——
すべての材料を耐熱容器に入れ、電子レンジ（800W）で1分ほど加熱してもOK。＊電子レンジが500Wの場合の加熱時間は、3割増しにする。

ギー・パニール・フライドオニオン を手作りする

カレーに欠かせない食材のギー、パニール、フライドオニオンは、簡単に手作りできます。
自家製なら添加物などの心配もなく、身体にも安心です。

ギー　使用ページ→ p.21、55、58、63、73、75、77、79、82、83

バターから水分とたんぱく質を除いた純粋なバターオイルで、バターとは風味が異なります。
料理に使ったり、パンに塗ったりしてもおいしい。主に北インドの濃厚なカレーに使用されます。

材料 （できあがり約120mℓ）

バター（食塩不使用）……………………………… 150g

作り方

1 小鍋にバターを入れ、弱火にかける。バターが完全に溶けると泡がぶくぶく立ってくるので、やさしくかき混ぜているとしばらくして泡が消える。

2 さらに弱火にかけていると大きな泡が出てくる。その後泡が消えるまで10秒ほど加熱する。ここで加熱しすぎるとこげるので注意を。

3 ペーパータオルを敷いたざるでこす。冷蔵庫で保存する。

カリー子'S memo

インドでは常温、液体の状態で見かけることが多い。手作りした場合は、冷蔵庫に入れると固まるが、長く保存できる。

パニール

使用ページ→ p.57、58

クセがなく、やわらかい食感の
インドのカッテージチーズ。
サラダのトッピングにしたり、
はちみつをかけてデザートにしたりしても美味。
残った乳清はビタミンたっぷり。
スープなどのベースに使いましょう。

材料 （できあがり約150g）

牛乳 ……………………………… 1ℓ
レモン汁（酢でもよい）……… 大さじ3
塩 …………………………… 小さじ½

作り方

1 鍋に材料をすべて入れ、弱火でゆっくり加熱する。だんだん固まってくるので、こげないように木べらで鍋底をこするようにかき混ぜる。

2 ぼそぼそと固まってきたら火を止める。ボウルの上にふきんやペーパータオルを敷いたざるをのせて流し、白いチーズの部分と半透明の乳清に分離させる。

3 ふきんをかぶせ、1kg程度の重しをのせて半日冷蔵庫で冷やして水きりをする。

フライドオニオン

使用ページ→ p.25、73、75

玉ねぎは揚げても繊維が残ったままなので、
煮ると水分を取り戻し、とろける食感がプラスされます。
余熱を考え、少し早めに取り出します。

材料 （1回分／目安50g）

玉ねぎ ……………………………… 1個
塩 ………………………… 小さじ¼
揚げ油 …………………………… 適量

作り方

1 玉ねぎは厚さ1mmの薄切りにして塩をまぶす。

2 フライパンに揚げ油を熱し、**1**を加え、中火できつね色になるまで8分ほど揚げる。

────── カリー子'S memo ──────

玉ねぎは取り出した後も余熱で茶色くなるので、少し早いかなと思うくらいのタイミングで取り出す。

スパイスカレー Q&A

スパイスカレーで問い合わせの多い質問にお答えします。

スパイスに賞味期限はありますか?

スパイスの賞味期限はメーカーにもよりますが、未開封の状態でパウダースパイスは約1年、ホールスパイスは約2～3年が目安です。スパイスの賞味期限とは、スパイスの香りが保たれている期限のこと。印字されている数字ではなく、香りで判断します。ふたを開けて香りがしなくなったら、買い替えのタイミング。カルダモンは緑色が退色したら買い替えどきです。特にパウダースパイスは香りが飛びやすいので、頻繁にスパイスを使わない場合は、ホールで買ってそのつどミルで粉末にすると新鮮で、強い香りが楽しめます。

本書のスパイスや特殊な材料はどこで買えますか?

この本で使用しているスパイスはほとんどが、大きなスーパーやデパートなどで入手できます。近くで見つからないときや特殊な材料はネットショップで探してみてください。「○○○（都市名を入れる） halal food shop」で検索すると実店舗が見つかります。「印度カリー子のスパイスショップ」でも少量ずつのスパイスセットやレシピ別スパイスセットを販売しています。

印度カリー子のスパイスショップ
https://indocurry.thebase.in/

スパイスに適した保存法は?

スパイスは腐ることはありませんが、香りも色も徐々に劣化していきます。スパイスの敵は日光、高温、湿気の3つ。パウダースパイス、ホールスパイスとも密閉容器に入れ、直射日光が当たらない場所で常温保存が基本です。ただし気温が高いと香りが飛んでしまうカルダモンは冷蔵庫で保存するのがおすすめ。一度冷蔵庫に入れたら、出さないこと。また、袋で買ったスパイスは密閉容器に移し替え、乾燥剤もいっしょに入れて保存します。

スパイスはどうやって計量しますか?

ほかの調味料と同様に小さじ、大さじの計量スプーンで量ります。計量スプーンに隙間なく入れ、基本、すり切りで量りましょう。特にテンポが重要なテンパリングでは、前もってすべてのスパイスの分量を量って、入れる順番に手元に並べておくこと。少量だからといって直接瓶から鍋にふり入れるのは禁物。容器の口に蒸気が入ってスパイスを湿気させてしまいます。

Q カレーの味がなんだか 物足りないのですが……

レシピどおりなら、スパイスは足りているはず。スパイスは味ではなく、香りです。味が物足りないときはたいてい塩不足。少し足してあげるだけでぐっと味が引き締まります。スパイスの香りも味のコクもすべて塩によって引き出されます。

カレーに塩を加えるタイミングは2回。1度目はパウダースパイスといっしょに具材に味をしみ込ませるために加えます。2度目はいちばん最後に加えてカレー全体に味をつけます。必ず味見をして加えるようにしましょう。

また塩味が十分でもうまみやコクがない場合は、玉ねぎの炒め不足の可能性が。水分を飛ばしながらこげ茶色になるまで炒めましょう。いま一度、最後に塩で味をととのえたか、玉ねぎをちゃんと炒めたかをチェックしてみてください。

Q カレーのタイプによって 欠かせないスパイスはありますか?

地域別のカレーの味を特徴づけるものにハーブがあります。

北インドのカレーならカスリメティ。カスリメティはクリーム系や牛乳、豆との相性がよく、乾燥では海藻のような強い独特な香りがしますが、煮込むことで本格的な味に仕上げる香りに変化します。

南インドならカレーリーフ。独特な香りがありますが、瞬間油に通すことで、軽い香りに変わります。野菜のカレー、豆のカレーと相性がよいですが、香りがなくなるので、火の通しすぎは禁物です。

スリランカンカレーにはランペ。入っていれば必ずわかるほどの強く甘い香りがあり、ココナッツミルクとの相性が抜群です。

カスリメティ、ランペは乾燥でも煮込むことで香りが引き出せますが、乾燥のカレーリーフは香りが弱く、香りを上手に引き出しにくいものです。生の入手は難しいですが、カレーリーフ、ランペは苗から育てることもできます。

Q 残ったカレーや素材缶などの保存法は?

スパイスカレーは作って3日以内に食べるなら冷蔵、それ以上保存したいときは冷凍保存がおすすめ。冷凍なら1カ月ほどもちます。清潔な密閉容器や冷凍用保存袋に入れて冷凍し、解凍は電子レンジで加熱します。具材にじゃがいもが入っているカレー以外は冷凍できます。

また、カレーを作るときに余ったココナッツミルク、生クリーム、トマト缶なども小分けにして冷凍しておくと次に使うときに便利です。炊いたご飯やナンも冷凍できますよ。

スパイスカレーはできたてがいちばん! と言うプロの方も多いですが、冷凍すると熟成されたような深い味わいに変化して、それもまたおいしいです。作ってすぐはスパイスの香りを満喫し、少し多めに作ったら冷凍して、深みのあるカレーを楽しむのもよいでしょう。

印度カリー子（いんど・かりーこ）

スパイス料理研究家。1996年11月生まれ。宮城県出身。初心者のためのスパイス専門店 香林館(株)代表取締役。「スパイスカレーをおうちでもっと手軽に」をモットーに、スパイスセットの販売・開発のほか、料理教室の運営やコンサルティングなどを行う。テレビ、雑誌、新聞、ネットなどで活躍。2021年3月、東京大学大学院（食品科学の観点から香辛料の研究を行う）を卒業。著書に『私でもスパイスカレー作れました！』（こいしゆうかとの共著、サンクチュアリ出版）、『ひとりぶんのスパイスカレー』（山と渓谷社）、『心とからだを元気にする お助けスパイスカレー』（家の光協会）ほか。

- ツイッター　@IndoCurryKo
- インスタグラム　@indocurryko
- フェイスブック　@IndoCurryKo
- ホームページ　https://indocurryko.net/

撮影◉鈴木信吾
スタイリング◉駒井京子
デザイン◉高橋朱里、菅谷真理子（マルサンカク）
編集◉内山美恵子
校正◉安久都淳子
調理アシスタント◉彼女のカレー、こいけつむぎ

【撮影協力】
フライパン、vision鍋／パール金属株式会社
UTUWA／03-6447-0070

もっと美味しく、もっとディープに
4つのスパイステクニックで作る本格カレー

印度カリー子の
スパイスカレー教室

2020年 7 月15日　発　行　　　　NDC596
2022年 7 月 1 日　第 5 刷

著　者　　印度カリー子
発行者　　小川雄一
発行所　　株式会社 誠文堂新光社
　　　　　〒113-0033 東京都文京区本郷3-3-11
　　　　　電話03-5800-5780
　　　　　https://www.seibundo-shinkosha.net/
印刷・製本　大日本印刷 株式会社

ISBN978-4-416-62032-8